Viajes, Aventuras y Demás Chifladuras de la Sra. D

Delia Goldadler Joison

ISBN-13: 978-1724574701
ISBN-10: 1724574701

TÍTULO
“Viajes, aventuras y demás chifladuras de la Señora D”

TEXTOS
Delia Goldadler Joison

DISEÑO PORTADA
Foto de la web sin copyright.
Delia Goldadler Joison

EDICIÓN
Delia Goldadler Joison

Título Original:
“Viajes, aventuras y demás chifladuras de la Señora D”
Primera Edición
2018

Sepan disculpar algún error producido al pasar el original al formato Createspace, muchas gracias.

Agradecimientos:

Al frecuente sentido del humor, positividad y entusiasmo, que suele surgir en mí aún en casos extremos y ha salvado mi vida en varias ocasiones.

A mis padres y familia materna, que ayudaron a que constantemente practicara las virtudes que mencioné, haciéndome la vida imposible (sin broma).

A mis compañeros de literatura, que me alentaron especialmente, para continuar escribiendo sobre éste singular personaje.

A lo Divino y Sagrado, ¡a la Vida y todas sus enseñanzas!

ÍNDICE

CÓMO LA CONOCÍ

Estaba una de tantas tardes en uno de esos cafés al paso, sentada en una mesita al lado de la ventana. Porque si van a hacer lo mismo un día, desde ya les digo, vayan al lado de una ventana, así observan pasar toda la "Corte de los milagros" (o casi). Esa tarde no fue necesario mirar hacia fuera, entró al salón una señora muy emperifollada pero de una forma extraña. Antes de sentarse, dejó caer en una de las sillas de la mesa vecina a la mía de la derecha, una cantidad inusual de bultos, entre paquetes, bolsos, carteras, paraguas y demás bártulos. La mayoría rodó debajo de la mesa. Luego se tomó un tiempo, como para medir la distancia entre su persona, la gravedad y la silla de madera, para dejar caer luego toda su humanidad desplomándola en la silla aguantadora, con un resoplido – Ffffffiú…. – descansando finalmente de tanto trajín al parecer.

Traté de no mirarla demasiado, pero la curiosidad se impuso, porque su vestimenta era por demás original. Llevaba zoquetes verde rabioso, y calzaba unas ojotas coloridas con dibujos de palmeras y soles caribeños. Lucía varias faldas, o tal vez fuera simplemente el forro que asomaba bajo el ruedo, una de ellas. La pollera de arriba, era de un tono gris plomo con voladitos que alguna vez, habían sido blancos con seguridad. Bajo sus faldas y por encima de los zoquetes verdes sin madurar, tenía unas calzas marrones tan ajustadas que asomaban por debajo de las mismas y por encima de los zoquetes, unas masas de carne bien roja e inflamada. Prosiguiendo con su atuendo, llegamos a la zona de la cintura (zona peligrosa en verdad) porque caía en cascada, subdividiéndose en cuatro o cinco porciones de grasa zigzagueante.

Debo confesar que el cuello comenzó a dolerme, me encontraba en una posición algo incómoda, pero todo vale a la hora de la verdad (y de la curiosidad). La seguí mirando con cierto disimulo, pero era algo inevitable, imagínense En la parte superior, conté no menos de seis prendas superpuestas de todos los colores y texturas, cortísimas. Se acercó el mozo a preguntarle qué se servía y pidió un vaso de agua por el momento, nada más. Era lógico, hacía un calor bochornoso y húmedo, aunque dentro estaba más fresco. Por su cara corrían ríos de transpiración, llevándose parte de los colores que se había colocado horas antes sin duda. Se debe haber sentido observada porque me miró con sus ojos orlados de pestañas postizas, y quedé sin poder moverme. ¡Tenía una mirada de criatura tan fresca, tan pura e inocente! Esbozó una sonrisa por entre las mezclas de colores, lunares falsos y maquillajes superpuestos, una sonrisa por encima de sus labios mal pintados de rojo, y era la sonrisa impecable, deslumbrante, de una niña incontaminada, de una recién nacida...

Su alma quedó al desnudo, y la mía se hubiese ruborizado de haber podido... Así fue mi primer encuentro con la Señora D.

** En "buen argentino" Zoquete, significa: Medias cortas.*

*****

PERO ¿QUIÉN ES ESTA FULANA?

La Señora D es una simple ama de casa con una pequeña familia que se desespera, ríe o llora por las ocurrencias de ella, de acuerdo a cómo, cuándo, a quién y dónde sean hechas. La señora de marras se encuentra en estos momentos muy tranquila: el doctor que fue a consultar ayer, por un tema de salud con honda raíz emocional, le recomendó las flores del Dr. Bach. Así que serenamente, se dirige a la sala, agarra con ambas manos el pesado florero de cristal y toma el agua que contiene en medio de unas rosas algo marchitas, mientras piensa muy satisfecha:

¿"Acaso hay mejor esencia que ésta"?

Hoy, su cabello tiene una coloración francamente rojiza, producto de unos tintes que se aplicó con diligencia y cuidado bien tempranito. Se mira en el espejo y siente una gran satisfacción por el cambio. En la cocina se sirve un jugo de limón natural sin duda, ya que se cuidó de apretar bien fuerte el árbol de su jardín para sacarle todo el juguito.

Al ir a sentarse a fin de tomar su desayuno, justo tocan el timbre; se pregunta quién será, mientras alisa con la mano un mechón rebelde de pelo violeta y rojo que amenaza con salirse a cada rato del pañuelo. Se acerca a la puerta, mira por el visor y resulta que no hay nadie, aunque parezca ser un hombre. Ve un señor con bigotes y uniforme de cartero, pero como no contesta a través del portero eléctrico, llega a la conclusión de que no existe. Rápidamente, vuelve a la cocina para seguir degustando su revuelto de huevos; los mismos que se resistieron tanto a ser revueltos. Tocan por segunda vez el timbre, y ríe con suavidad para sí misma, mientras piensa:

- ¡Qué insistentes son hoy en día, los seres que no existen!

Cuando finaliza de comer, toma el plumero- realizado con las pocas plumas que consiguió sacarle a un vanidoso y fuerte Pavo Real- y lo pasa a los muebles del comedor, muy especialmente a un magnífico centro de cristal lleno de frutas coloridas que adorna la mesa. Nuevamente, tocan el timbre.

-Pero... ¿Será posible? ¿No saben que estoy ocupadísima acaso? – se pregunta, mientras mordisquea una uva del centro de mesa y se quita un pedacito de vidrio que quedó entre los dientes.

Sigue sonando el timbre, de manera que corre a atender el portero eléctrico, ya indignada.

- Pero... ¡Qué cargoso es este hombre! – Piensa al verlo por el visor, aún parado.

Decide entonces, ir hasta la puerta para saber quién es y qué desea. Pregunta y no escucha nada. Un tanto furiosa, se quita los tapones con silicona de los oídos y al fin, oye que el individuo le habla en otro idioma mientras hace equilibrio para que no se le caigan un montón de cartas que tiene en la mano.

De pronto, observa que aparece junto a él una mujer joven, y el cartero suelta las cartas que recoge, prestamente, la Sra. D Se fija en cómo el hombre se da vuelta para estamparle un beso a la recién llegada.

– ¡Es increíble la falta de profesionalismo de esta gente!

Dice para sí, la señora, mientras se fija en los sobres. Encuentra uno dirigido a ella, resuelta lo abre y se entera de que ha muerto

-Caramba... ¡Con razón no tenía tanto apetito! piensa, y apaga el televisor con el cartero y su novia adentro.

Mientras tanto, la olla con el guiso hierve a todo lo que da, hace ruido, borbotea y deja escapar la gallina que no quería entrar. Presurosa, la señora D la agarra en un rincón, mientras le recrimina todo el trabajo que le dio esa mañana para sacarle los huevos de a uno, huevos por otra parte bastante sinvergüenzas ya que no se dejaban hacer nada. Se le ocurre que resulta notorio las pocas ganas de trabajar que tienen en estos días. Suena el teléfono y la gallina aprovecha para irse de día de campo. La señora D se viste apresuradamente, no vaya a ser cosa de que comience a llegar gente para el velorio y la encuentre toda desarreglada. Ella es coqueta hasta el fin. Huele algo de humo pero no hace caso. Está contenta de lucir su cabello verde agua (tiene un tinte asombroso que cambia de color cada cinco minutos, producto de su invención obviamente) y busca rápida, alguna ropa que combine con ese tono.

Sigue sonando el teléfono, luego el timbre de la puerta, y a todo esto se agrega la sirena de un carro de bomberos.

-¡No, no, si este día es muy especial, es uno de esos días en que todo sale maravillosamente! dice llena de gracia.

De pronto, mira -entre asombrada y divertida- que un bombero con un hacha, rompe la puerta principal de la sala. Lo saluda ceremoniosamente, no vaya a ser que el buen hombre piense que ella es una mal educada, mientras siente cómo la agarra entre sus brazos para tirarse, juntos, desde el octavo piso sobre una manta que sostienen una veintena de sus compañeros.

-¡Me encanta pasear! le comenta al buen hombre, feliz de este desenlace tan romántico.

Observa luego, cómo la mitad de la casa está en llamas. Se le ocurre entonces, que debería avisar a su familia para que compre comida preparada, ya que se debe haber quemado un poco la que cocinó.

La gente muy amable, la hace sentar, la apantalla y le pregunta cómo está. Llega una ambulancia; de inmediato, le colocan una máscara de oxígeno, pero sin el tubo. Entonces, sobreviene el final, mientras se va ahogando entre jadeos, lucha con una enfermera para sacarse la máscara. La mujer tiene más fuerza y vence finalmente. Muere entonces dos veces, no olvidemos que ya estaba finada la pobre...

¡Por favor, qué día tan surreal!

*****

CONCEPCIÓN DE LA FUTURA SEÑORA D

Creo que fue su concepción lo que la marcó. Ocurrió en el balcón de un piso veintiuno durante una noche tormentosa, cuando entre truenos, rayos y relámpagos, el papá de quien iba a ser la famosa señora D, se unió entusiasta y fervorosamente con quien iba a ser la mamá.

Los espermatozoides, muchachos jóvenes y atropellados, pugnaban por penetrar la fortaleza donde descansaba plácidamente el óvulo. Justo se había tomado una siestita, por lo cual se sintió justamente indignado ante el pretendido avasallamiento. Pero hete aquí, que un avispado jovenzuelo consiguió deslizarse hasta quedar dentro, "y si no te gusta, embrómate" pareció que le decía al óvulo dorado.

Miraditas aviesas van, resoplidos y bufidos vienen, al final comprendieron que lo mejor era estar unidos, y dieron lugar al germen de quien iba a ser la sorprendente señora D.

*****

Encontré por casualidad, el diario de la Sra. D cuando era una joven mamá primeriza. Le puse de título:

"UN DÍA COMO CUALQUIER OTRO"

Hoy resultó un día corriente como tantos otros. A la mañana bien temprano, me despertaron las bocinas de varios autos, camiones y colectivos, que alegre y ruidosamente transitan por la calle, a pocos metros de mi cabeza.

Eso de amanecer en el silencio del campo, con el gorjeo y el trinar de los pájaros, ha sido un deseo delirante que tuve desde pequeña, - seguramente producto de mi mente afiebrada - entre las paperas y el sarampión.

La civilización bien entendida comienza así el día, tal como ahora, a plenos bocinazos y griteríos, así, entre un pandemónium de alaridos, equipos de audio y estentóreas bocinas y timbres, que en exquisita orquestación, sólo oídos bien entrenados y entendidos, pueden apreciar debidamente.

Con el máximo de decibeles retumbando en mi cabeza, me levanté pues, con el ánimo muy bien dispuesto, y mi delicado pie izquierdo fue a aterrizar desnudo, en medio de un bol con ensalada de frutas que había olvidado en la base de mi cama, la noche anterior. ¡Qué maravilla! ¡qué placer tan sensual se experimenta, al sentir entre los dedos tibios, el frío almíbar chorreante, y sumergirse en esa dulzura líquida, hasta ver aparecer entre el dedo gordo y su compañero, un jugoso trozo de durazno rematado con una cereza!

En fin, no pude prolongar tanto deleite, porque escuché el llanto de mi bebé y eso es más importante que todos los retozos con ensaladas de frutas del mundo.

Mi tierno hijito me indicaba con sus berridos, que había hecho honor a sus necesidades fisiológicas más elementales. Muy satisfecha entonces, le quité el pañal y volqué su aromático contenido dentro de la taza del váter como de costumbre, sólo que esta vez corrió con el agua dentro de la cañería, no sólo el contenido, sino el pañal entero. Asombrada, vi desaparecer su blanca punta dentro del oscuro y misterioso vericueto. Pese a estar abonada con el plomero - que a diario debía retirar todo el excusado, para extraer de sus profundidades los objetos más insólitos que mi travieso retoño dejaba caer en él, no dejé de sentir cierta admiración por mí misma, y entender que era digna madre de mi hijo.

Luego de tan prometedoras primeras acciones del día, me sentí como nunca; por lo tanto, tomé la decisión de que un día así, tan pleno de bienaventuranza, merecía todos los esfuerzos que fueran necesarios para ponerme a su altura.

Ante todo, debía lograr (cosa harto difícil) ponerme más hermosa aún de lo habitual. De manera que rapté a mi mucama mientras pasaba el plumero a un mueble (¡qué opio!), y empleé tanto en ella como en mi persona, los vastos conocimientos de cosmética, adquiridos tras arduas investigaciones en diversos artículos de revistas.

Claro que a primera vista, el resultado no podía ser más chocante: el cabello repleto de pinzas, ruleros y moños de tela, enroscando mechones que aspiraban a ser rulos cuando crecieran -vestíamos para no arruinar nuestra ropa, unas especies de bolsas blancas, que orgullosamente bauticé como: "Batones de belleza"- e íbamos descalzas para mayor comodidad.

El punto de máximo lucimiento era nuestro rostro, ya que prosiguiendo con mi amor por la Naturaleza redescubierto esa misma mañana, los había embadurnado profusamente con un puré de damascos, machacado junto a la pulpa de unas frutillas, jugo de naranja (para algo me tenía que servir la ensalada de frutas pisoteada) y un kilo de almidón; sembrando toda la superficie visible con gruesas rodajas de banana, que se suponía, daría a nuestra piel un resplandor inigualable.

Con toda esa deliciosa mezcla, y sendos algodones impregnados de té liviano, para el descanso y posterior brillo de nuestros ojos, caminábamos manteniendo nuestras cabezas echadas hacia atrás casi en posición horizontal, guardando el delicado equilibrio que exigían las rodajas de banana, y tanteando los muebles y demás objetos que se interponían en nuestro camino.

En eso, se escuchó el timbre...

Corrimos casi cegadas, tropezando con las cosas, en una muy pareja competencia por abrir antes que la otra, la puerta. Llegamos a la meta prácticamente al mismo tiempo.

El hombrecito que aguardaba tranquilo del otro lado nos miró, mientras sus ojos y boca, dibujaron en una centésima de segundo, una perfecta O de asombro mayúsculo y terror. Noté cómo literalmente se le paraban los pelos de punta, y cómo retrocedía trastabillando, hasta emprender la más veloz de las fugas.

Jamás conoceré el propósito de la visita de ése tímido exponente de la raza humana. Por tres veces consecutivas, se sucedieron los timbres de llamada en mi casa, provocados por otros tantos proveedores, que al vernos, dejaban sus canastas repletas de mercaderías y ponían los pies en polvorosa, sin acordarse siquiera de presentar la factura.

Ese mediodía, mientras disfrutaba el bien provisto y gratuito almuerzo, experimenté una sensación de plenitud, paz y amor hacia todo el género humano, al pensar que en el mundo existen seres tan desinteresados, cuyo propósito en la vida, pareciera ser solamente, alimentar al prójimo. ¡Qué pródiga es la vida!

Nota de la amiga y autora:
Acá es evidente que el cimiento de quien iba a ser la Sra. D, de fama internacional, estaba echado en la base hacía rato.

*****

LA DUEÑA DE CASA

La Señora D, se hizo famosa por sus despistes. Ya la conocían cientos de personas, era un personaje bastante especial.

Cierto día, entró junto al muchacho que hacía el delivery de un almacén a la casa. Saludó a los chicos, a su esposo con un sonoro beso en la mejilla y se sentó a la mesa para comer. El señor la miró extrañado y se preguntó quién sería. La vio comer con tanto apetito y entusiasmo que no la quiso interrumpir. Luego al finalizar el Brunch, con delicadeza la interrogó, no pudiendo sacar nada en limpio, salvo que la mujer estaba totalmente convencida que ésa era su casa, los niños sus hijos y él mismo, su marido. No pudo sacarla de su error, tanto dijo e hizo la buena mujer, que al final ya no había nadie que asegurara cien por ciento que esa señora no era la dueña de casa, madre y esposa legal.

Mientras tanto, ella por las dudas, sólo por si había cometido algún pequeño error, hizo una rápida operación de matemáticas: Un hombre (su marido), una nena y un nene (sus hijos obviamente) y un perro – que hasta la saludó contento y moviendo la cola - (era un perro que a todos hacía fiesta) Resultado final = Su familia y punto. Nada más que hablar

La Señora D comenzó a integrar desde ese día la familia. Mientras la suya propia, ponía avisos en los diarios y la televisión buscándola desesperados hasta en Islandia, ya que se sabía que era capaz de todo, y la verdadera madre y esposa se hacía el Hara Kiri, pensando en un engaño monstruoso.

Nota de la autora:
Como la protagonista del libro se encuentra explorando el fondo marino en estos momentos, y no hay contacto inmediato salvo un glu... glu...que se escucha a lo lejos, en su lugar coloco otro relato.

*****

VISITA DISTINGUIDA

La conoció en el club y le pareció una mujer de lo más distinguida. Claro que dicha señora casi no entablaba relación con nadie. Sólo la observó conversar con su esposo y poco más, muy erguida, sin mirar a nadie, y llevando siempre su cabeza en alto.

Simplemente María, ardía en deseos de entablar con ella una relación de amistad, la cual equivaldría a entrar por la puerta grande a ése club tan exclusivo. Por el momento había sido admitida, aunque con cierta reserva por no tener referencias de otros socios.

Planeó entonces la manera de acercarse. Averiguó su nombre, sus gustos y prosapia, asombrándose por la calidad de su linaje.

Tenía todo un plan en mente ya que era bastante avispada, iba a costar una pequeña fortuna pero consideró que bien lo valía. Como primera medida, llamó a un arquitecto y a una de las mejores decoradoras de moda, a fin de que evaluaran su casa y le entregaran planos y una idea acerca de cómo mejorarla.

La casa era un Petit Hotel de tres plantas, sito en Recoleta, uno de los barrios más caros de Buenos Aires. La había adquirido en cuanto ganó el Quini 6 y también el Loto, algo realmente inusual.

Una vez aprobadas las reformas y el presupuesto, dio la orden de largada con las obras, que tardaron seis meses.

Al finalizar la misma, Simplemente María, quedó deslumbrada. Se encontraba con la casa más elegante que vio en toda su vida (incluyendo películas). Habían tirado paredes, cambiado pisos, cocina, baños, pintado, empapelado y alfombrado, etc...La decoradora le había impreso su sello pero con el gusto de Simplemente María, refinándolo desde luego, al punto de hacerlo poco reconocible. Simplemente María estaba feliz, mirando los muebles tan finos, las pinturas... pensando en que bien había valido la pena todo el esfuerzo. Ahora la segunda etapa la incluía a ella misma.

Consultó a una experta en imagen, antigua modelo dedicada en la actualidad a esa tarea. La midió, pesó, calibró, tomó medidas, sacó infinidad de fotos en distintos planos, probó colores, etc...Hasta dar con el máximo potencial de su belleza.

Según consejos de la experta, acudió a determinados modistos, coiffeurs, esteticistas, pedicuros, manicuras, etc...etc...etc... llegando a no poder reconocerse a sí misma en el espejo y admirada de cuánto podían hacer unos billetes.

Ya estaban entonces las cosas encaminadas; la casa y ella misma en condiciones. Compró un auto de marca, no último modelo, para no mostrar el poco tiempo de su entrada al gran mundo. En cuanto fue al club, se enteró que la señora tan admirada por ella, acababa de fallecer...Se derrumbaron todas sus esperanzas de lograr un sitio acorde a su nuevo status.

Pasó el tiempo, y cierto día en la Maison de uno de los modistos a los que ahora acudía, conoció a otra mujer exquisita, sumamente respetable, con quien mantuvo una charla animada. Intercambiaron sus teléfonos y hete aquí, que dio comienzo a una relación amistosa, tal como Simplemente María necesitaba.

No tardó en invitarla a su casa para tomar algo, e ir más tarde a cenar a uno de los restaurantes más exclusivos de la Capital. Durante una de sus charlas por teléfono previas, se enteró incluso que su flamante amiga ¡era socia del mismo club de golf! Por lo que no podía haberle ido mejor.

El día de la reunión, amaneció con 38 grados a la sombra, un día tórrido, inaguantable. Simplemente María no sabía qué hacer, los equipos de aire acondicionado que encargó a Estados Unidos se encontraban en la Aduana, de no ser por tal inconveniente hubiesen estado instalados. Dentro, el aire era sofocante y se hacía todo más penoso al haberse retirado las hormonas de su vida, reemplazadas por los clásicos sofocones, lo que acrecentaba la sensación de calor a niveles imposibles.

Hasta llegó a considerar el suspender el encuentro para más adelante, pero de inmediato desechó la idea, no podía cancelar así como así algo que hacía ya más de un año tenía como objetivo, si bien habían cambiado los personajes.

Por los noticieros, decían que llegaría la marca térmica ¡a los 43 grados! Casi un récord, superado únicamente en el año 1957 con 43.3 ¡y sensación de 55 grados!

Se armó de fuerza para luchar contra cualquier cosa que fuera en contra de su reunión. Preparó bebidas de todo tipo, había hielo en abundancia. Mandó traer unos ventiladores para tener un poco de aire mínimo al menos, y se dispuso a aguantar lo que fuera.

Al llegar la noche, el aire pareció estancarse aún más.

Sin embargo, trató de no pensar en el clima y tomó un largo y refrescante baño, se perfumó suavemente y vistió un largo, blanco y caro vestido muy simple, de algodón egipcio.

Claro que puso el énfasis en las joyas, perlas naturales de gran calidad. Había aprendido el arte del buen gusto.

A la hora acordada, tocó el timbre con puntualidad británica, su nueva amiga María de los Milagros Aranguren Mitre, de Iberlucea Salaberry.

De inmediato pasaron al jardín donde el sonido del agua corriendo de una gran fuente y la frescura verde de las luces que adornaban las plantas, otorgaban cierta sensación agradable como de brisa suave.

La visitante, vestía una falda y blusa en seda natural, un conjunto realmente exquisito. Tomaron bebidas frescas y por momentos, sólo se escuchaba el tintineo del hielo en las copas.

Sin embargo, la noche avanzó más sofocante de lo que había estado durante todo el día, y hubo un punto de quiebre cuando de pronto el panorama entero cambió, dando lugar a otra tónica.

Vio cómo María de los Milagros etcétera, sin siquiera pedirle permiso se sacó los zapatos quedando descalza, le pareció bien -aunque no era lo esperado de su parte- al menos para ella, que la consideraba tan fina y delicada.

Habían estado tomando cantidad de bebidas frías, cócteles y demás. Mientras más bebían, lógicamente más transpiraban; la miró y se dio cuenta que ya no se sabía quién era ella y quién la otra, porque ambas estaban a esta altura del partido, francamente irreconocibles. Con la transpiración corriendo por sus cuerpos, el maquillaje desvanecido y casi sin poder ver debido a la sal que ardía en los ojos, con sinceridad, daban pena. Simplemente María hizo como que no se daba cuenta, y conversó con María los Milagros etcétera de mil temas distintos. Luego de un rato, la llevó a recorrer la casa, incluyendo sus tres pisos por escalera... en fin, quedaba mal que no la mostrara. Además ¿cómo justificar todo el cambio de decoración? Como mujer exquisita que era, la visitante supo apreciar todo debidamente. En un momento dado, ambas se resbalaron por el piso íntegramente mojado debido a la humedad reinante, lo que provocó sus risas.

También tropezaron en la escalera que daba al sótano, producto de la bebida a no dudar. Vio de repente cierta expresión de dolor en el rostro de su visita, cuando le preguntó el motivo, explicó que la caída había provocado que le doliese mucho el nervio ciático, ya de por sí bastante resentido.

La idea era cenar fuera, en uno de esos restaurantes lujosos, bien refrigerados, con pequeños bouquets de flores en las mesas, mientras camareros elegantemente vestidos de blanco las atendían solícitamente trayéndoles aun antes de pedirlo siquiera, sendas copas escarchadas con el más exquisito y burbujeante champagne.

Se veían las dos sentadas frente a una fuente de cascadas de agua cristalina, escuchando música clásica. Estarían muy cómodas, mientras revoloteaban a su alrededor mozos bien dispuestos a hacerles pasar una de esas veladas inolvidables. Se dirigirían a Simplemente María como si tuviera una corona indicando la persona justa que debían elegir para consultar. Ella miraría displicentemente el Menú decorado con delicadeza y decidiría -si su invitada lo permitía- la comida; algo ligero, exótico y carísimo desde luego.

Claro era ésa la idea; sin embargo se miraron entre los flequillos mojados, el rímel marcando senderos, ni pizca de rouge o color en las mejillas, con sus vestiduras adquiriendo en tan corto lapso de tiempo, un aspecto verdaderamente lastimoso y raído...

Y juntas exclamaron - ¿Qué te parece una pizza? - se sorprendieron al principio, pero continuaron al unísono - Total estamos más cómodas acá en la casa - mirando sus pies descalzos, apenas avergonzadas de cambiar ese plan maravilloso que tenían de salir y disfrutar estupendamente.

El tema fueron los gustos y las promociones; que la cuatro no, que la seis.

- Pero mirá que ésta tiene ocho empanadas de más.

- Si pero la pizza es de anchoas y me da asco, bla, bla, al final consiguieron conciliar los gustos, y se sintieron muy felices.

Y así terminaron la noche, comiendo bien como cochinas, con las manos cubiertas por sendos pedazos de papel grasiento y agarrando cada una un pedazo de pizza. Chorreando queso por los costados de la boca comentaron: -"qué dzica que eztá.."- mientras tomaban cerveza del pico de la botella. La comieron fría, ¡total hacía calor!, -sentadas ahora en el sofá de la casa para mirar la tele lógicamente. Pero por favor, ¡si encima que no salían se iban a perder la telenovela de las diez!

Cuando se despidieron eran las tres de la mañana, habían visto un noticiero, una película, María de los Milagros etcétera, había cantado a voz en cuello varios tangos, y tan alto que los vecinos de los costados chistaron fuerte para que se callara. Después las dos se quedaron charlando y riendo a carcajadas; tenían los vestidos hechos una lástima, empapados y con manchas, el cabello mojado, pegado a la cara lavada y todo el cuerpo picado de mosquitos, pero pocas veces María de los Milagros etcétera se había divertido tanto. Se prometió, que a Simplemente María no la dejaría escapar. Amigas como ella era lo que precisaba justamente ¡para escapar del hastío que le provocaba el club!

Nota de la autora:
¡Acá nuevamente con nosotros la estrella del libro! (la veo llegar algo empapada y todavía con sus patas de rana, en fin...)

*****

APENAS UNA SALIDA

Si algo le gusta a nuestra querida señora, es ver películas. Desde muy chica le fascinó ese mundo, y con el correr del tiempo, se convirtió en una cinéfila empedernida. Vio" Lawrence de Arabia" diecisiete veces, subtitulada en varios idiomas mientras viajaba por el mundo. Otras de sus antiguas películas favoritas eran: "Doctor Zhivago", "La Malvada" y "Mañana lloraré" entre otras.

Hoy justamente se levantó con ganas de ver la última película de Woody Allen. Ya decidida, “arregló” todo en la casa y se prometió no ser tan atolondrada, o sea, “portarse muy bien”. Era uno de esos días fatales de verano que arden como fuego vivo. Arregló como podía la casa, esto es, metió a presión en los placards todas las cosas desparramadas por el piso y otros lados; empujó las puertas con el estilo que ya es una marca registrada en ella - o sea con sus caderas - puso al gato en el acuario y a los peces dorados en la caseta, la ropa usada en los cajones y la limpia en el lavarropas, ustedes saben, arregló todo como de costumbre. Como el día estaba francamente insoportable por el calor, se propuso ir caminando hacia la sala donde la proyectaban, distante 25 kilómetros.

Cuando llegó a duras penas, sus pies estaban hinchadísimos y le dolían como nunca en su vida. Había tenido la maravillosa idea de estrenar un par de zapatos hermosos, llenos de tiras. Dichas tiras las tenía clavadas en la carne para toda la vida, o al menos así parecía.

Finalmente terminó de hacer la cola y logró entrar, le tocó la última fila ya que estaba lleno de gente a rebosar. Lo primero que hizo al sentarse fue por lógica pura, sacarse los zapatos. Se apagaron las luces, mientras ella intentaba quitárselos. No fue tan sencillo porque las tiras estaban como cementadas, pero bueno, luego de tratar por media hora, lo consiguió.

Comenzó a masajearse los pies, que parecían empanadas fritas con el relleno saliendo. ¡Qué alivio sintió! Fue notando como hormigas que caminaban - era la circulación y su energía - comenzando a restablecerse nuevamente de a poco.

Aún no había visto nada de la película ocupada como estaba con sus pies, cuando sintió deseos de ir al baño. Miró algo preocupada y acusadora el litro de cerveza que se había llevado al asiento y pugnaba por salir. ¡Qué mala pata!

En medio de un silencio sobrecogedor lleno de suspenso ya en la mitad del film, comenzó a buscar sus zapatos...

Tanteó el piso, primero con su pie derecho, luego con el izquierdo, más tarde con su mano derecha, luego con la izquierda. ¡No estaban! ¡No los podía encontrar! ¿Qué hacer? La sala descendía vertiginosamente en picada, como en caída libre hasta casi tocar la pantalla, y la Señora D se encontraba en la cima de la misma. Suavemente, como una anguila, comenzó a escurrirse entre los asientos hacia abajo. Pero un grito estentóreo y aterrorizado que lanzó una mujer al sentir un bulto, la hizo incorporar rápidamente.

Ya que en su cartera suele llevar de todo, buscó a tientas la linterna para emergencias - un recuerdo de cuando fue rescatada por los bomberos en su casa hace tiempo - y que siempre llevaba por las dudas. Con su luz potentísima como reflector brillando a todo lo que daba, fue iluminando por medio minuto los rostros de cada persona que se encontraba ahí sentada tranquilamente pretendiendo disfrutar del film. Asumió que se iba a dar cuenta de quién tenía sus zapatos, claro que sí, por la cara de culpabilidad que asomaría de inmediato al ser iluminada.

¿Les cuento cómo terminó la salida? es muy cruento...

El periódico de la zona al día siguiente en primera plana mostraba la foto de la señora con sus grandes ojos a punto de salir de sus órbitas, siendo acogotada por la mujer que lanzó aquel grito. Al lado su marido tratando por todos los medios de calmar su furia. Y al fondo una montaña de gente dividida en dos enormes grupos: Quienes querían a toda costa lincharla, versus los más pacíficos entre los que se contaban uno o dos religiosos, vegetarianos varios, y demás yerbas.

Así, descalza y desgreñada, nuestra protagonista llegó a duras penas a su casa donde - según declaró a los medios - a partir de ahora verá de instalar un cine personal.

Localismos: otras yerbas - otros asuntos/ mala pata - mala suerte.

*****

VIAJANDO CON LA SEÑORA D

¡Qué contenta se sentía esa mañana, la Señora D! Estaba segura que la iba a pasar muy bien. Había madurado bastante en este tiempo, estaba mucho más centrada; ya no se pintaba el color de a mechones, ahora se lo pintaba íntegro. Un día amarillo rabioso tipo semáforo, otro de verde estridente, y al siguiente de un violeta tornasolado que hacía soñar con crepúsculos llenos de magia. Había dejado de ingerir sus uvas de vidrio, eso era para jardín de infantes, jejejeje...en estos momentos se dedicaba con un tesón digno de mejores obras, a comprobar in situ, la reacción química de los mentos aderezados con Coca – Cola. Era sumamente divertido - mientras su abdomen no explotara - ir volando por toda la casa, ir y volver como un Boomerang. Pero la razón de su contento actual se debía a que era la primera vez que viajaba a los Estados Unidos, y ya sabía lo necesario para hacer su estadía lo más grata posible. Claro que lo del día anterior fue apenas una pavadita sin importancia. ¿Le perjudicó a alguien acaso, la salida del avión cinco horas más tarde, por asuntillos de ella? ¡Que le muestren a quién, eso hubiera querido ver! No... estaba segurísima que pese a las caras, gritos, discusiones, y malhumor generalizado, incluida la tripulación – vaya desfachatez - eran todas fantochadas. No tenía la más mínima culpa, si justamente ese día olvidó sus documentos en la casa; primera vez que le sucedía. Además ¿cuál era la prisa de la gente que hacía cola desde dos horas antes, para que ella termine de encontrar la llave de una valija? El problema lo tenía la chica que se le ocurrió revisarla. ¿Que pesaba demasiado y hacía ruido? ¿Que le pareció sospechosa la valija? Pero miren ustedes si una valija va a tener cara de sospechosa ¿dónde se ha visto? Al final, hubiera tenido que pedirle disculpas, ya que no encontró nada, sólo cincuenta botellas de Coca – Cola, porque le dijeron que allá la Coca – Cola venía de China y eso jamás lo hubiese tolerado. ¿Cómo se atrevieron a quitársela? Justamente era prioridad Uno, saber eso. Era muy capaz de contratar el mejor Estudio de Abogados para litigar. ¡Aunque los representantes de la Compañía le dijeron al llegar a destino, que le iban a iniciar un juicio a ella! Era simplemente inaudito, increíble; ¿ese era el premio por querer salvarle la vida a todos? ¿a los pasajeros, a ella misma, a la tripulación, salvar todo el avión en suma? Otra vez, si encontraba a su lado un turco o similar, con un maletín del cual salía un sonido como – Tic - Tac – Tic

– Tac – no iba a decir nada y Santas Pascuas. Que explotara el avión y se cayeran todos al agua, paciencia. Fíjense lo que sucede cuando una es buena. Cuando una le dice en secreto a la azafata que debe hablar de forma urgente con el Capitán, y aunque se niega, va igual a la Cabina y golpea fuerte hasta que le abren la puerta y encerrada con ellos, les avisa del peligro inminente. Fíjense nomás lo que sucede, por ser una ciudadana modelo y denunciar al culpable y preservar la vida de todos. Nooo, ¡si encima le iban a hacer juicio por el aterrizaje forzoso! Todo por agarrar ella una palanquita de morondanga, y realizar toda clase de maniobras pese a que la querían atar y amordazar para que dejase de gritar. Además, la isla donde aterrizaron era encantadora. Podría haberse quedado allí tranquilamente, pero no, quiso llevar todo a buen término y los acompañó hasta el final. ¿Tenía también la culpa de haber escuchado mal? ¿que el señor turco o afgano - vaya una a saber - llevase un juguete a pila para su hijo que parecía un reloj? por favor.

Bien, pero eso ya es historia y ahora veamos qué sucedió la noche anterior, apenas desembarcó. Se abrió paso como pudo a través de las Ambulancias, y sirenas de todo tipo. Realmente para meter bulla, eran especiales los gringos. Había una cantidad de luces y patrulleros impresionantes. Sabía que la buscaban para pedirle que declarara lo sucedido a bordo, pero no les iba a dar el gusto, no señor, se sentía muy cansada. ¿Le habían incautado su preciosa valija? Pues, el resto de las cosas ya no le importaban. Así que se dirigió a la salida como si tal cosa, y en menos que canta un gallo se encontró en un taxi, rumbo a su hotel. Al verla proceder tan naturalmente, a nadie se le ocurrió que terminaba de descender del jet, y mucho menos que era la ya famosa y enloquecida mujer que había puesto a prueba la paciencia de los pasajeros, y el espíritu de sacrificio de la tripulación.

En cuanto llegó, el cadete tras recorrer con ella cuatro kilómetros y medio desde el ascensor, le mostró su habitación. Estaba muy buena, y al verlo que esperaba en la puerta con su mano extendida, se la estrechó calurosamente y de paso le puso en las palmas sus zapatos para lustrar, pensando en lo amable que era.

Al retirarse el muchacho con cara de pocos amigos, se permitió al rato una pequeña picardía. Había observado que en varias puertas, colgaba del picaporte externo el pedido del desayuno, por lo tanto salió al pasillo y eligió el que le pareció más gracioso. Lo más interesante que tenía era que estaba escrito en un idioma parecido al japonés, por eso lo eligió sin dudar un segundo y lo cambió por su pedido de dos huevos y un jugo.

Al día siguiente...

La camarera a la hora indicada, tocó suave a su puerta. Repitió la llamada varias veces más, hasta que optó por entrar. Utilizando la llave maestra, atravesó la penumbra hasta dar con una mesa semi desocupada donde depositó la bandeja del desayuno. Tornó a llamarla por su nombre y terminó encontrándola en medio de un maremágnum de colchones, almohadas, sábanas, frazadas y acolchados - debido al aire acondicionado - de su cama King Size. La Sra. D se encontraba en un estado semi comatoso luego de haber ingerido por gusto nomás, su novena pastilla de mentos remojados en Coca – Cola durante la noche. Su abdomen parecía a punto de explotar, y apenas pudo entender lo que la solícita señorita le decía. Al notar que se retiró de la habitación, intentó salir y arrastrarse en medio del bosque de telas, plumas y goma espuma que la rodeaba, hasta dar con tierra firme. Bah, dar con tierra firme es un decir, en realidad se cayó de cabeza al piso. Claro que bastaba el aroma a comida para devolverle las ansias de seguir con vida. Prestamente se dirigió a olisquear la bandeja con el desayuno. Se topó con alimentos y bebidas de sabor, coloración y textura extremadamente sospechosas, diferentes a todo lo conocido. Pese a sentirse como un globo aerostático, lo atacó de una y de frente. En silencio bebió la bebida verde flúo e ingirió con cierto esfuerzo algo similar a un plato de tallarines con bichos que los recorrían curiosos, por arriba y por abajo. Valiente como ninguna, no dejó ni uno a salvo. Ahora sí, cuando lograse despegar de sus manos y lengua lo pegajoso, se encontraría en condiciones de disfrutar como ninguno ese día. Los pasajeros del Hotel, vieron pasar lo que supusieron una cometa, pero era la mismísima Señora D saludando a todos desde arriba muy sonriente.

El ómnibus que la llevaría a destino, pasó a las 11 hrs. tal como le habían dicho. Claro que siempre fiel a su estilo, tomó el ómnibus de las 10.45 hrs. que iba en sentido contrario a otro Shopping de la competencia (para el caso, da lo mismo). El chofer luego de llevarla, declaró a la prensa local que iba a renunciar en ese mismo instante. Ignoramos lo sucedido. En cuanto llegó, semejó un tornado atravesando el mall de punta a punta, a pesar de que tenía 8 niveles verticales, y su largo era de aproximadamente unas diez manzanas. Rápidamente buscó un cartel que indicara: “Mercado Negro” ya que debía cambiar unos billetitos. Pero no lo encontró por ningún lado, preguntó a varias personas por el negocio pero la miraron medio raro, ¿seguiría existiendo? Como se hacía tarde para todo lo que tenía que hacer, entró a la máxima cantidad de locales posibles. Casi no se la veía de tanta rapidez; se probó, llamó, olió, vendió, rifó, se volvió a probar, gritó, gustó, cambió, discutió vehementemente y mordisqueó, para finalmente lograr comprar una infinidad de cosas que no necesitaba, Le atraía el brillo, todo aquello que brillase lo adquiría, si sus reservas se lo permitían claro está. Siempre decía a quien no tuviese nada que hacer y quisiera escucharla, que de haber sido indígena en América, se la vendía íntegra a cualquiera de las carabelas, con tal de tener unas cuantas piedritas de vidrio de colores. Alcanzó a vislumbrar algo interesante en la otra punta y en su recorrido le dio todo lo que tenía en monedas (aproximadamente dos kilos y medio) a un chiquito, junto a varios autitos de juguete que pudo agarrar por ahí de un manotazo en el mostrador de un negocio. Tanto hizo y deshizo que una vez que se retiraba de cada local, los empleados se desinflaban y caían uno tras otro en estado catatónico. Repleta de paquetes, bolsas, carteras, un sombrero, abrigo (por el aire acondicionado) y paraguas (por si llovía, obviamente) ya sus fuerzas amenazaban con abandonarla, cuando divisó a lo lejos un señor que se encontraba cómodamente sentado al parecer, manejando un carrito eléctrico.

-¡Esto quiero yo, usted sí que es flor de vivo! gritó a voz en cuello y saltó prácticamente encima del hombre atosigándolo a preguntas, que cómo lo había conseguido, que por donde quedaba el stand, que a cuanto se lo alquilaban, que si era por hora, día, minutos o mes, y así siguió por un rato hasta que el otro le tapó la boca.

- Señora - dijo - está usted sentada a upa mío, ¿no le parece demasiada confianza? ni nos conocemos. Además, sepa usted que es una silla para personas como yo, que tienen problemas para caminar, no algo que se puede alquilar en el Shopping, por favor le pido se levante de encima – La Señora D, roja como un tomate se levantó, arreglándole antes el nudo de su corbata y musitando no se sabe qué cosas de disculpas, se retiró. Encontró luego de una concienzuda búsqueda, un carrito especial sólo para cargar sus cosillas ahora sí, por el cual debió oblar cuatro dólares. En cuanto se sentó para hojear sus facturas, se encontró con 24 tarjetas de crédito y 47 de débito que no eran suyas más ocho pasaportes; entre ellos uno de un Cónsul honorario de Costa de Marfil con una cara muy seria. Feliz de la vida silbó bajito agradeciendo tanta suerte. Sus propias tarjetas de crédito y documentos no aparecieron, pero ¡qué importancia tenía ese detalle, si tenía tantas! Habían pasado dos horas y media desde que tomó el bus y sus ganas de hacer pipí se hicieron sentir...Antes de ir al servicio pasó por un stand de bebidas rápidas y se mandó al buche dos cervecitas de litro y medio ya que después de todo, sentía calor.

Transcurrieron dos horas más - todo un suplicio para la pobre - hasta que finalmente ubicó los servicios. Es que en cuanto llegaba cargando el carrito (que pesaba más cada cinco minutos) a un punto crucial, con tantos números como veía, niveles y flechas para todas partes, invariablemente se equivocaba e iba a parar a la otra punta. Aterrizó por decirlo de algún modo, en el baño de hombres. Cada vez que le pasaba eso (y era cada vez que iba a un baño público), se preguntaba para qué tenían esas tazas de porcelana. Una vez intentó lavarse la cara en ella, pero no habían instalado las canillas del agua. Le gusta encontrar dentro como unas bolitas de naftalina, ya que juega con ellas haciendo malabares, rubro en el cual es toda una experta. En la vida, ¡hay cosas tan raras!, a quién se le ocurre poner bolitas de naftalina en los lavabos que ni siquiera tienen canillas, para colmo de males. En esos sesudos pensamientos estaba, cuando como solía ocurrir, llegaba un momento en que sea por la intervención de algún caballero, o por cierta experiencia y honda deducción propia, llegaba a la conclusión de que se había equivocado de baño. Esta vez, la encontró jugando a las bolitas tirada en el piso, un gentleman, quien muy gentilmente le indicó la salida. Salió bien oronda, con la frente muy en alto pero cuando no la alcanzó a ver más, casi se derrumbó del esfuerzo. Es que se encontró arrastrando tras de sí bastante penosamente su carro, que ahora pesaba una tonelada y media al menos, además cargaba su ya legendaria cartera, que como de costumbre contenía 146 artículos de primera necesidad por si se veía obligada a sobrevivir en condiciones límite, tal vez en la selva, naufragando, o quizás en alta montaña bajo nieve ¿quién podía saber? ¡Bien que le había servido en la isla! Eso se llama ser previsora, ¡sí señor!

Que conste que si se equivocaba de baño siempre, es porque no se comprenden nunca, jamás, y para nada en absoluto, esos muñequitos pintados en las puertas. Tras un tropezón con el carro y habiéndosele clavado una punta de metal en el tobillo, logró entrar casi con el último aliento al baño de mujeres, encontró un gabinete desocupado y fue con lo poco que le restaba de fuerza, hacia él. ¡Gracias, gracias, amados Angelitos de los Lavatorios! Ahora la vemos entrar con carro y todo, pero se da cuenta que pretende algo imposible, debe elegir entre el carro o ella, ambos no van juntos en ese cubículo. Decide dejar entreabierta la puerta, con el carro repleto fuera, pero agarra una de sus ruedas bien fuerte entre sus pies.

Busca un lugar donde colgar todos sus abrigos ya que se resbalan todo el tiempo de la montaña del carro, pero no lo encuentra. Dice por lo bajo palabrotas en Pakistaní y Griego clásico, mientras hace malabarismos para sostener los abrigos que tiene y que suman ya siete - parece que tuvieran cría piensa - mientras se coloca los anteojos de sol, el sombrero, y agarra el paraguas con un meñique que le queda libre. A todo esto no sabe qué hacer con su enorme cartera y opta por colgársela del cuello. Ya casi, casi, se está haciendo pipí, y aún no se levantó la falda; se coloca un abrigo encima de otro en la cabeza, sin soltar la rueda del carro, la pierna queda en un ángulo totalmente ridículo y se sube la falda. Luego, prestamente se baja la bombachita que le queda atravesada al bies, y trata de no tocar nada del water por las dudas. Hace gala de toda su musculatura, porque señores, sean honestos ¡hay que saber embocarla a más de 50 centímetros y sin salpicar! Aún mantiene la cartera colgada del cuello, que la va ahorcando lenta e inexorablemente, no la dejó en el piso porque trae mala suerte como es de conocimiento público. Ve poco y nada con esos anteojos de sol pero no importa, prosigue su tarea que ya lleva largos minutos y la va aliviando muy de a poquito... Alguien toca fuerte a la puerta - ¿Está ocupado? - pregunta una voz cascada - ¡¡¡¿Y a vos qué te parece?!!! – tronó y bramó la de ella – dando la impresión que se hubieran desatado de pronto, la furia de varios volcanes al mismo tiempo. Busca agarrar aún más fuerte la rueda del carro con los pies. Se corta el goteo por aguantar tanto, pero más que nada por la furia –Y bueno, piensa resignada mientras busca el papel - ¿Papel...?, ¿ella pretende papel higiénico en el baño de mujeres?, ¿acaso está - ahora sí – loca sin remedio?, ¡ni el primer mundo la salva de eso! La señora mayor que se encontraba a sus anchas haciendo de todo (ella sí) en el baño de al lado, de pronto casi muere del susto al ver asomarse por la abertura, al lado de sus zapatos, una cara de mujer pizpireta, algo enrojecida. Era nuestra querida Señora D, preguntándole en un susurro con voz melosa, si de casualidad no tendría un poco de papel higiénico. Recuperada apenas de su espanto, ver esa carita ahí abajo, mirándola con ojazos inocentes y simpáticos hoyuelitos, le causó tanta gracia que trató infructuosamente de conseguirle un poco, pero sin suerte. Desilusionada, agradece y se arrastra para ubicarse nuevamente con todo los bultos en el inodoro. Se quita un poco los abrigos que le tapan la visión, y manotea desesperada en busca de algo para secarse las tres gotitas. Porque (entre nosotros), será lo que sea que digan, pero es muy limpita. Encuentra unas boletas de la DGI y todas esas tonterías, por lo que muy feliz, les da el mejor uso y utilidad posible. Satisfecha, logra una maniobra milagrosa y se sube la bombachita. Con tantos movimientos, la cartera se va para atrás y comienza a acogotarla en serio. Se clava la punta del paraguas en un ojo y así, con un ojo bizco y media tuerta, con su cara roja por la falta de aire, manotea como puede la puerta. Casi cegada por los abrigos que ahora en montón le cayeron sobre la cara, y a punto de expirar por la asfixia, sale, cayendo redonda sobre el carro que la esperaba fielmente ante la puerta. Enrojecida e hinchada, le da un envión chocando contra la chica de la limpieza y vuelca por todas partes, dos baldes llenos de detergente y agua. Los trapos de limpieza y el secador flotan, mientras las mujeres comienzan a caerse como las piezas de un dominó. Se arma un griterío de Padre y Señor Nuestro, mientras la Señora D muy tranquila resucita, y arrima el carro con todas sus cosas además del paraguas, a la pileta.

Es que tuvo la magnífica idea de aprovechar el detergente para lavarse la cabeza. Lo hace con una habilidad fuera de lo común, en medio de los ruidos, gritos y peleas. Luego se lo seca en el secador de manos bien tranquila, mientras continúa el batifondo. Parece que el caos la serena.

Se arma una cola impresionante de mujeres, esperando el baño. Dentro hay varias heridas entre contusiones, fracturas y una que se rompió la cabeza de forma bien fulera. Ya llegan las ambulancias. Los autos y ómnibus se paran para enterarse de lo sucedido. La aglomeración se hace más y más importante. Surgen vendedores de panchos y de Coca – Cola. Los nenes chillan que quieren globos. Mientras tanto, la Señora D, indiferente a todo y a todos continúa con sus ejercicios tibetanos de 45 minutos, que culmina en el piso del baño - total ahora está higienizado -. Todos los días llueve o truene, a las 14 horas en punto ella cumple con su rutina a rajatabla, donde sea que se encuentre. Hay toda una fila de mujeres observándola con la boca abierta, sosteniéndole además la inmensa cantidad de bultos, para que los pueda realizar bien tranquila. Al finalizar agradece calurosamente a la muchedumbre, toma sus petates, y se aleja meneando las caderas rumbo al hotel. Pero se equivoca de bus y termina en un oscuro y sospechosísimo antro, tipo Pub y Discoteque...

*****

....Pero se equivoca de bus y termina en un oscuro y sospechosísimo antro, tipo Pub y Discoteque...

LA HISTORIA SIGUE...

En cuanto entra, aparta unas cortinas rojas y raídas, protestando porque no se ve nada de nada. Busca la llave de luz, mientras exclama con voz exaltada:

- Pero cómo puede ser que todo esté a oscuras, caramba – Nadie le contesta, al parecer el local está vacío en ese momento. El interior de semejante antro de perdición no desentona con las cortinas, tiene todo el techo pintado de negro, está lleno de focos rojos y luces sospechosas que señalan los sanitarios. Hay un escenario al fondo y una tarima central que parece una pequeña pista de baile, mesas, sillas, una barra, y taburetes a su costado. Ella recorre todo admirada por lo que ve, ya que un lugar así sólo lo conoce a través de películas. Se topa con fotos de algunas chicas sin ropa y en un movimiento reflejo, comienza a quitarse rápida el saco para taparlas, una milésima de segundo más tarde, se da cuenta del ademán y sonríe para sus adentros - Ay, parece una mujer muy anticuada, y eso sencillamente no puede ser.

Encuentra el bar y mirando a los costados por si la descubren, va agregando agua a todas las botellas para que no dañe tanto el estómago de los clientes. Luego prepara un trago de su invención llamado: "La Bomba Nuclear no es nada al lado de esto" agita la coctelera con swing y ¡adentro, al buche! En realidad se trata de una mezcla de jugos de frutas con licor de mandarina y mucho hielo. Se entona un poquito y entonces, recorre con la copa en la mano el lugar.

Aparecen en ese momento seis de las chicas bailarinas para ensayar. Al verla la saludan como si la conocieran de toda la vida. Es que seamos sinceros, la Señora D conquista a cualquiera, hombres, mujeres, chicos y grandes, se encuentran cautivados por ella, no sabemos aún el motivo pero es así. Intuyo que porque entre otras cosas, no tiene un gramo de maldad ni sabe lo que eso significa.

Las chicas ponen música latinoamericana y se mueven todas al mismo tiempo...Bueno, "casi" al mismo tiempo. Y ése "casi" es algo que - ya sabemos quién - no puede tolerar.

Ella estudió danzas desde chiquita ¿cómo aguantar un grupo de bailarinas que van con una pierna para aquí, mientras las demás piernas van para allá? ¿y con brazos que se mueven para cualquier lado, y cabezas con ojos que giran en sentido contrario a las agujas del reloj o parecen hacerlo? Simplemente intolerable. Se pone frente al grupo para dirigirlas y...

-¡Uno, dos, tres y cuatro y uno, dos, tres y cuatro y...!- y sigue y sigue...con voz de mujer militar aprendida en películas de guerra, sí señores.

Ya pasaron tres horas y 45 minutos, las muchachas están exhaustas, le piden parar a descansar un poco, pero ella ya está a mil por hora y no le es posible parar, es algo que la supera, tiene tanta, tanta energía, que podría estar un día entero sin parar. Siempre ha sido así, cuando se pone en marcha, no hay quien pueda con ella. Las chicas son jovencitas, bien mirado, son demasiado jovencitas ¿? y sin embargo no alcanzan ése nivel de acción y fuerza.

Al ver que una de ellas casi se pone a llorar, para de golpe. Ah no, nada le gusta menos que hacer sufrir, así que declara resuelta:

- Bueno, bueno, basta por hoy -pero no se vayan todavía todas a los camerinos a que les quiero mostrar un baile y paso diferente - Se fija en el salón y lo mejor que encuentra para sus fines, es un cortinado flamante. De inmediato corre a descolgarlo y con un cuchillo bien filoso que halla en el bar junto a los limones, lo corta en largas tiras. Las trenza y cuelga de una gran lámpara de techo que cuelga en el centro del lugar. ¡Y allí comienza la verdadera fiesta! Cuando la Señora D empieza, ya saben que no para por nada y así es. Comienza con sus saltos hasta adquirir más y más velocidad, colgada de la trenza de muselina roja nueva, sigue a todo lo que da con sus cabriolas, volteretas y caracoleos. Todas quedan con la boca abierta, jamás hubieran supuesto que podía hacer todos esos brincos y vueltas, con tanta soltura y sin música. Se nota que tiene mucho estudio y en un momento dado, irrumpen todas sin mirarse siquiera, con un aplauso cerrado al mismo tiempo. Al escucharlo, nuestra amiga enrojece, ya que aunque no lo crean es tremendamente tímida. Se da cuenta de su protagonismo y se baja enseguida. Las abraza, y van juntas a los camerinos ya que la quieren consultar por mil cosas diferentes. Ya instalada en uno de ellos, le traen un té con galletas y entre charlas y algunas risas va explicando cosas que las chicas necesitan saber, sobre todo para prevención de enfermedades y embarazos. Le piden que también les enseñe trucos de maquillaje porque la ven espléndida, y les da todos los tips que conoce. Se siente como la mamá de todas ellas, las mira con mayor detenimiento y encuentra algunas que son realmente muy jovencitas. Cuando les pregunta la edad no puede creerlo, son casi todas ellas menores. Una de ellas le pregunta qué hacer con un problemita, entonces le aconseja. A otra la bautiza, ya que dice que lo necesita. Agarra agua de la pileta de ahí nomás, la bendice y la bautiza, qué se le va a hacer. Ella es tan pura o más que unos cuantos curas que andan por ahí, y si con ese acto la muchachita se va a sentir mejor, ni hay que pensarlo tanto. En eso escuchan unos gemidos fuertes, como de mucho dolor, se levanta y en un rincón ¡descubre a una mujer que está por parir! Ni que decir que para esas cosas, ella siempre está preparada. Saca de su cartera una gran cacerola para calentar agua, gasas, vendas, alcohol, tijeras, hilo para atar cordones umbilicales, y demás instrumentos, utensilios y productos. Lo que no encuentra son sus anteojos para ver el género del bebé, aunque está segura que lo sabrá al palpar.

Comienza el parto previa mojadura íntegra de su ropa por la bolsa de aguas. Luego de idas y vueltas, de trapos, gritos y voces, de colchón empapado, fuerza y transpiración, se escucha llorar a una criatura. Declara al tacto, que es del género masculino. Las chicas y la reciente mamá están todas emocionadísimas y ya tienen un nombre para él. Le agradecen su intervención ya que en ése pueblo de Estados Unidos no se consigue una partera ni por casualidad.

Todos allí nacieron espontáneamente y sin ayuda, menos la flamante madre que la necesitaba en este momento, y a quien la suerte le sonrió por tener cerca a una experta.

Como el bebito comienza a berrear, asoma la cabeza el patrón dueño del lugar, y se entera que es padre de un hermoso varón. Se nota que está algo conmovido pero no demasiado, porque le dice a la madre que se vista para el número que hace a diario de la Danza del Vientre.

Entonces se escucha la voz clara y serena de la partera, digo, de la Señora D:

- Está usted muy equivocado caballero si quiere que esta mujer que acaba de parir salga a escena, porque no está en condiciones – (les digo que cuando se lo propone, parece una mujer muy seria)

- No quiero excusas – replicó el hombre - acá se trabaja, lo digo yo y punto –

-Mire señor, le propongo salir en su reemplazo, aunque jamás bailé esa danza, algo conozco y sé que sabré desempeñarme bien – Las chicas asienten al mismo tiempo, contándole que la vieron en acción y es muy buena, ocultan lo de la cortina, eso sí. El padre primerizo abrumado por tantos testimonios, da el visto bueno. Antes por las dudas le echa un vistazo al nene, se da cuenta que es su misma cara pero sin bigote, y se aleja contento silbando bajito. Ya preguntará a cada una quién cortó la cortina nueva del salón, para eso hay tiempo. Ellas buscan la ropa de la bailarina árabe y se la alcanzan. Mientras se viste y maquilla, se entera que una de las chicas tiene catorce años otra quince y así en general, en total calcula que son ocho las jóvenes secuestradas, las ve llorosas, algunas implorando que las lleve a cualquier lado pero que las saque de ahí. Toma la decisión entonces de denunciar al dueño de la pocilga y a sus secuaces por proxenetas, y pide un celular. Hace varias llamadas a la policía local, y asimismo localiza a un productor mexicano a quien le cuenta lo que está pasando. Habla con él, y le pide que sea la misma Laura de un programa conocido, la que esté al frente del grupo de rescate. Una vez en marcha el plan, les explica todo a las pequeñas coristas mientras termina de arreglarse. Hay una puerta al fondo, detrás de los camerinos. Llegarán todos junto a la policía norteamericana, a la misma hora que ella dé su show, y las menores los acompañarán saliendo por la puerta del fondo. Total todos estarán entretenidos mirando su danza.

Al anunciarla el presentador y escuchar la música, sale a escena magníficamente ataviada. Tal vez la ropa no valga mucho, pero la lleva con tanta soltura que parece carísima. Se puso además media joyería falsa encima, y brillan las piedras como legítimas. Está en su salsa, sonriente y feliz, sabe que los conquistará a todos con su danza del vientre (que ni siquiera ensayó) Lo único que sabe es que se trata de una música árabe, que hay que mover las caderas a los costados, mover cada tanto el vientre hacia delante y hacia atrás, también los hombros cada tanto, sonreír siempre, mirar a los parroquianos a los ojos y acercarse para que le pongan dinerillo en alguna parte de su minúscula vestimenta, sea de arriba o abajo. El salón está rojo y a media luz, lleno de humo de cigarros. La música le gusta, así que la danzarina está a sus anchas moviéndose como si supiera, sólo piensa que sabe y le sale, parece magia pura. El dueño está contento, una ancha sonrisa flota bajo el bigote. Como quiere demorar más de lo habitual su baile, ella improvisa y une "La Danza del Vientre" con "La Danza de los Siete Velos", total provienen de un lugar parecido qué tanto, así que arremete ahora con los velos. Como no tiene ninguno, comienza a quitarse las pulseras mientras la música está en un crescendo, en ese momento comienza a escucharse un leve murmullo entre los hombres, sigue con los anillos, ahora les toca a los aros o caravanas, le siguen los collares, el cinto, el murmullo ya no es un murmullo, están todos expectantes y casi se puede tocar la tensión mientras ella calcula el tiempo que todavía debe entretenerlos, le toca sacarse las sandalias que tira bien lejos ¿y ahora?...

Todos están inclinados sobre la Table Dance, no le quitan el ojo de encima, parece que sintiera sus respiraciones en la piel, sabe que tiene que jugarse entera si quiere salvar a las menores. Así que ni lerda ni perezosa, en medio de algunos gritos para que se anime, se sube de un salto a una de las mesitas y allí, mirando a cada uno bien despacio a los ojos, se quita en un santiamén las hebillas que sujetan toda su cabellera y la mueve al viento (mejor dicho, al aire viciado) en un final decoroso aunque inesperado.

Un borracho se levanta para decirle algo, pero se arrepiente en el camino y se dirige al bar para otro whisky con hielo.

La mujer en medio de aplausos y silbidos por no desnudarse, se sube a la barra del bar y comienza a entonar el Himno Nacional. Ante este cambio tan radical, se levantan todos o tratan de levantarse golpeándose un poco con la mesa y haciendo ruido con las sillas. Una vez puestos de pie y teniéndolos muy ocupados - se escabulle sin que nadie se dé cuenta por tener los ojos cerrados, henchidos sus corazones de sentimiento patriota - y va rápidamente hacia los camerinos. Ya no están las menores, las demás le cuentan que todo salió a pedir de boca y que al día siguiente la van a buscar para hacerle un reportaje en Televisa. Se siente contenta y con el deber cumplido, porque pondrán en la cárcel a todos los culpables. Se cambia en un santiamén y comienza a despedirse de todas, luego corre a darle un besito suave al bebé que está mamando tranquilito y otro a la madre. Y desaparece por la puerta del fondo como si jamás hubiese existido.

Nota de la autora:
En este instante no sé el porqué, recuerdo la historia de una monja amiga de la Señora D, que se convierte en Strip Dancer, le preguntaré a ella todos los detalles, para contarles la próxima vez.

*****

LA VUELTA DE LA SEÑORA D

Volvió la Señora D luego de su viaje dando la vuelta a toda la manzana. Viajecito que le llevó la friolera de seis meses, cuarenta y ocho horas y dos minutos. El tiempo estaba más que justificado, ya que era Vox Pópuli el hecho de que carecía del más mínimo sentido de la orientación. Iba con la brújula hasta en su casa, ya que de no hacerlo se perdía. La gente aún se acuerda cuando en lugar de aterrizar en Nueva York, tomó un avión y fue a parar a La Habana.

Claro que se dio cuenta de inmediato que algo pasaba, no era tan distraída. Por ejemplo, estando en el malecón, hubiera jurado que el panorama no era lo esperado por ella. Está bien se decía, sabemos lo de las torres y eso era verdad ya que no aparecían por ningún sitio. Pero tampoco veía la Estatua de la Libertad ¿o acaso también había sido el blanco de una acción terrorista y no se había enterado? Además esos neoyorquinos ¡ayyy por favor! tan cálidos, simpáticos y querendones...Casi, casi, ¡ni parecían neoyorquinos! La sana intención de su viaje era descansar, había tenido un año complicado y quería distraerse, ver la nieve en Navidad, cantar Jingle Bells, comer cosas ricas y asistir a un espectáculo en Broadway.

Pero algo no cuadraba y no entendía el porqué. En lugar de todo eso, estaba en una playa con un sol tremendo y en cuanto la gente se enteró que se encontraba ahí la ya famosa señora, fueron a buscarla en un coche especial para que atendiera a un fulano.

Primero la llevaron toda vendada, a un Búnker, pero alguien había avisado que iba y modificaron sobre la marcha el rumbo. Fueron luego a una granja en las afueras.

Lo primero que vio, fue a un personaje de espaldas con un uniforme verde olivo, y al darse vuelta la barba la mareó, era una barba casi apolillada ¡y con un olor...!

El pobre hombre no se encontraba muy bien que digamos, parecía un poco embalsamado o ¿¿¿al menos algunos trozos??? La Señora D apeló a todos sus vastos recursos y conocimientos. Ante todo, le hizo sacar la lengua, uyyy pero esa lengua estaba desgastadísima, se notaba que había hablado demasiado en la vida. Luego, lo desvistió para medir cada parte de su cuerpo. Hubiese incluso pesado con gusto sus órganos, pero eso vendría después, cuando le efectuara la autopsia y de paso pudiera investigar "In Situ" cómo somos por dentro. Por el momento no lo consideró conveniente. Inició entonces: La Gran Danza de los Indios Jíbaros que había aprendido por Internet el día anterior, eso le llevó fácilmente una hora y media.

Mientras tanto, el señor esperaba de pie cada vez más verde/pálido y cadavérico. Ella comenzó a mover todo su cuerpo al compás de una cumbia que tarareaba, mientras en la mano que agitaba, llevaba una lata con un ungüento repugnante. De allí sacó una mezcla pegajosa que le aplicó con detenimiento y gran parsimonia en el pecho y partes pudendas ejem...

Cuando "esa cosa" se secó, rápida como un rayo se la retiró de golpe llevándose con ella todo el vello. Los gritos del pobre fueron acallados con un pequeño golpe en la cabeza, que le practicó con un mazo que portaba para observar reflejos (idoneidad ante todo).

Lo miró con cierta pena, ya que el hombre le había caído bien. Finalizó la sanación moviéndole con fuerza el esqueleto al infortunado, a los gritos de: "¡Hurra!", "¡Hurra!" Pasó a aplicarle luego, talquito para bebés y lo sahumereó tanto, tanto, que hubo que desalojar La Granjita. Volaron las aves de corral y los cerdos gruñeron de lo lindo. Al enfermo hubo que ponerlo en carpa de oxígeno y se le empezó a caer la barba y los dientes. Ante estos insignificantes inconvenientes, la Señora D puso los pies en polvorosa y al que esperaba en la puerta para un diagnóstico, le regaló una sonrisa deslumbrante mientras se escabullía sin que nadie lograra apresarla. Por suerte no se comentó su fallida intervención por ser Top Secret. De manera que algo más tarde pasó unos días estupendos bailando y cantando por el malecón, sin la más mínima sombra de culpa y negándose a firmar un contrato con el

Tropicana que la quería por toda la temporada, ya que las plumas le daban alergia. Asombrada le comentó a la azafata al regresar, entre mojito y mojito, lo mucho que había cambiado el Mundo con esto del calentamiento global, ya nada era como antes.

*****

UNA INVITADA DE LUJO

Llegó de madrugada procedente de Madrid, volando por Qatar Airways. Tenía cierto recelo de ir, pero tanto le habían hablado y tantas maravillas había visto en fotos, que soñaba con estar ahí.

Imaginaba visitar la Isla de las Palmeras, esquiar y comer una fondue en el Mall de los Emiratos ¿a quién se le ocurre tener nieve a un paso del desierto? jajaaa...la Señora D, esta vez se iba a divertir a lo grande.

Si dudaba un poco todavía, era por haber sido casi secuestrada una mañana hace tiempo, en la ciudad de Acra. Era un jueves, día de mercado de blancas, y a un señor muy árabe se le ocurrió enamorarse de ella (o algo así). Ofreció por la joven casi cien camellos, como veinte ovejas y ya no recuerda cuántas cosas más, pero por suerte su padre venció la tentación de venderla.

En cuanto llegó, tomó un taxi hacia el edificio Bur Dubai, ya tenía la reserva y todo planeado al milímetro. ¿Acaso no les comenté que ahora estaba mucho más organizada? Pagó al taxista con veinte Dirhams y le dijo - Ma'a ElSalama – sintiéndose Sherezade en Las Mil y Una Noches, claro que el hombre jamás imaginó que era lo único que sabía y todo lo que le costó a la pobre señora aprender eso, sin que se le trabe la lengua. Su habitación que incluía una piscina para su uso exclusivo, podía dejar con la boca abierta a cualquiera y más aún a la Señora de marras. Paseó por los mil quinientos metros a puro lujo, y se tomó un descanso para recorrer los restantes mil quinientos metros. La invitación había provenido de alguien que no conocía, un tal Sheikh Manzuur que la había contactado enviándosela por Jet privado.

Cuando acomodó todo, se dio un baño refrescante y prosiguió a destapar las diversas botellas del bar, a fin de conocer las bebidas autóctonas y representativas. De tales bebidas no consiguió ni la muestra, todas eran internacionales y archi conocidas por nuestra querida señora.

Ya bastante achispada, se puso un vestido largo de cocktail y salió de su pequeño palacio. Averiguó la manera más rápida y cómoda de cruzar Dubai Creeck y tomó una de las Abras. En la barca se mojó de lo lindo, pero estaba de paseo, un maravilloso paseo regalo de alguien ignoto ¿qué más se puede pedir?

Fue derecho al Zoco de las Especias. Dentro, el olor era tan fuerte que se mareó y por poco cae redonda al piso. Decidió entonces ir a uno menos peligroso y partió rumbo al Zoco del Oro, no se lo podía perder. Quedó en puro éxtasis al recorrer los cientos de joyerías abarrotadas hasta el techo de joyas. Una persona disfrazada de mendigo se le acercó para decirle que podía tomar las que quisiera, por orden del Sheikh. Ni lerda ni perezosa, la Señora D llamó a un camión Liebherr, vaciando varios negocios y pagando con los cheques que el supuesto mendigo le iba alcanzando sin chistar. Luego envió todo el cargamento al lugar donde estaban los cientos de trabajadores llegados de Pakistán, India, Nepal y Bangladesh, viviendo en condiciones precarias, y en algunos casos verdaderamente espantosas. Conocía bien la otra cara de Dubai, aquella que no se muestra jamás a los turistas.

Habiendo hecho tal cosa, ¡¡¡se encontraba en la cumbre de la felicidad!!! ¿Qué podía salir mal en ese viaje soñado? Feliz, exultante, paró en un puesto para degustar de parada nomás, un bocadillo parecido al Kebab.

Chorreando grasa por el bocado, se la veía a la mujer con sus verdes ojos enormes como si no pudiese creer semejante fortuna. Un té dio el punto final a su recorrido y se marchó a descansar. Estaba agotada por tantas emociones.

Cuando entró al apartamento, se puso bien cómoda y salió a su balcón privado con vista al mar, entonces se prometió a si misma ser más atenta y cuidadosa, no tan alborotada como de costumbre. A veces ser así, le traía cantidad de problemas y decidió que ser un poco mejor cada día, era su manera de agradecer a la vida por sus regalos. Radiante con ese pensamiento firme en su mente, se acostó quedando casi de inmediato dormida.

Eran las cuatro de la mañana cuando una voz estentórea y autoritaria parecida a un ladrido de perro rabioso, que venía de arriba, como del cielo, la despertó:

- ¡¡¡Arriba, arriba!!! - Exclamó el vozarrón volcándole en las finas narinas, su mal aliento apestoso.

-¿Qué? – le pareció que recién se quedaba dormida.

-¡Soy yo, el Sheikh! – gruñó - A vestirse ya mismo para entrenar a mi equipo: ¡¡¡el Manchester City!!! – siguió ladrando la voz pegada a su oído.

- ¿¿¿QUÉ COSA??? –preguntó la pobre que apenas podía abrir los ojos.

- Ya me escuchaste – ¡¡¡Basta de vagancia!!! –le ordenó esta vez con dos ladridos, que se escucharon como: ¡¡¡Guau, Guau, y Grrrr...!!! y ¡¡Grrrr...!!

-Pero señor, usted se equivoca, no soy entrenadora de fútbol, ni una experta en esas cosas – ¿De dónde sacó semejante idea? – consideró ella explicarle amablemente.

-Conozco tus cualidades, ya me contaron cómo mejoraste a Fidelito y por si fuera poco, mandaste órdenes telepáticas a Chávez que puede estar ahora gracias a tu impresionante ayuda, más de tres días hablando sin parar, dando sus discursos ¡y ni siquiera necesita ir al baño!– respondió ya más ablandada la voz al recordar tales hazañas – Ahora está rozagante como una sandía lustrosa, bien hinchadito y reluciente – Exclamó el Sheikh feliz de la vida, completamente tiernizado como pollo antes del horno, al pensar en los fabulosos milagros de la mujer. Era enero del 2012 recordemos.

-Pero usted me está pidiendo que entrene a un equipo de fútbol, algo totalmente diferente – contestó ella desperezándose, aún algo adormilada y preguntándose si no sería todo un sueño.

- Lo que quiero es que motives al equipo para ganar la Copa del Mundo próximamente – dijo él como si fuese lo más normal del mundo.

-Ah, bueno, si se trata nada más que de eso, está bien – contestó ella con alivio, poniéndose un * deshabillé de gasa bordada y sonriendo por dentro ya más sosegada – Eso es un juego de niños al lado de otras cosas que se pudieron lograr con la ayuda de... - y elevando los brazos, señaló bien hacia arriba -

- ¡¡¡Entonces en una hora pasarán a buscarte y aclaro que como no cumplas y mi equipo pierda tres campeonatos mundiales sin ser el primero en cada uno de los tres, serás apedreada hasta morir en la Plaza pública!!! – Gritó con su acostumbrado ladrido el Sheikh -

Escuchar eso y por poco desmayarse fue una sola cosa.

La dejó ahí al borde de un ataque, y se fue dando un portazo, llevándose la tarjeta magnética.

Ella, desesperada, probó la puerta pero se dio cuenta de la imposibilidad de abrirla. Además estaba segura que había dado orden para que nadie la socorriera. Corrió hacia la ventana más próxima para ver la posibilidad de escapar. Los vidrios polarizados permitían ver todo claramente. Se encontraba en el piso 525 de la Torre, no le era posible ni quería, mirar hacia abajo... Las ventanas estaban clausuradas por temor a algún suicidio imagino, imposible abrirlas. Se le ocurrió entonces llamar al Room Service, donde pidió un desayuno completo. Al tocar la puerta, le dijo al cadete que abriera con su Tarjeta Universal, ya que no encontraba la suya. Cuando entró con el carrito, lo saludó, firmó y le hizo revisar el plasma de su dormitorio, entonces sin que se diera cuenta, se metió en la parte de abajo del carro tapada con grandes manteles blancos. El cadete se extrañó del peso, pero sin darle importancia cerró la puerta y apretó el botón del ascensor. Ella se escurrió como mercurio de un termómetro, y bajó casi todos los pisos prácticamente volando llevada por la desesperación, pero al llegar al piso número veinticinco escuchó voces de un pequeño grupo de gente que subía. En ese momento, tomó aliento y aferrándose como pudo trepó hacia arriba, a la azotea. Estuvo en un tris de caerse todo el tiempo, fue agarrando cada cable, cada pedacito de cemento donde podía hacer pie, impulsándose hacia arriba, siempre hacia arriba. Comenzó a juntarse gente en la vereda frente a la Torre, al pensar que se iba a tirar una mujer de tan alto, y la voz se corrió llenándose de personas que señalaban el punto donde se encontraba. Todos comenzaron a sostener la respiración. Un poco más tarde, cuando vieron que iba a ser difícil que llegara por algunos pequeños tropezones y varios topetazos, se largaron a apostar si se caía o no. Había varias cámaras de televisión filmando la osadía. Pero poco antes de arribar, se fue retirando la mayoría bastante desilusionada debo decir, porque no iba a haber ningún suicidio al parecer, ni siquiera un miserable accidente.

Por lo visto la mujer tenía una fuerte musculatura, qué se le va a hacer. Cuando finalmente arribó, se dejó caer rendida de cansancio. Hay que reconocer que tampoco era una muchachita para andar haciendo tantas piruetas. En eso escuchó el motor de un helicóptero inmenso que sobrevolaba la ciudad. Corrió a hacerle señas, más que por ella, lo que llamó la atención del piloto fue la gasa blanca del déshabillé sacudiéndose al viento. Maniobró el helicóptero hasta llegar a pocos metros de donde se encontraba la mujer.

Y desenrolló una escalera; ella, sujetando el vuelo de su falda, se agarró de la escalerilla. En cuanto esto sucedió, el helicóptero emprendió el vuelo paseándola por toda la ciudad. Ella estaba contentísima porque disfrutaba de un tour espléndido aunque algo incómodo pensó aferrada a la escalera. Llegaron a la Isla de las Palmeras que era su destino final. Dejó antes a la señora con sumo cuidado, se despidió galantemente con un saludo, y luego aterrizó sin novedades.

La Señora D corrió a buscar un yate, barco o lo que fuera que pudiese llevarla bien lejos, lo más lejos posible de Dubai y su Sheickh.

Los astros estaban a su favor, ya que encontró un viejo bergantín de una Academia Naval que estaba por los alrededores, cuyo capitán aceptó llevarla a cambio de un curso de Control Mental.

Por la radio del capitán, se enteró que estaba siendo buscada por toda la policía para ajusticiarla, ya que durante el vuelo la gasa se levantó mostrando su bombacha a todo aquel que levantara la vista.

Entre ese atrevimiento sin nombre y la escapada, su vida hasta no estar a salvo no valdría ni medio Dirham. Ya en alta mar, escuchó que el Sheickh pensaba castigarla dándole cien latigazos para luego lincharla públicamente, pero antes se había batido a duelo con el Príncipe Tamin Binún Hamadí Al Thani de LoQatar para saber quién de los dos disfrutaría de ella y de todos sus saberes...En realidad la “batida a duelo” fue una partida de Póker. Ganó el Sheickh.

Transcurrieron los días serenamente, hasta que durante un amanecer estando en cubierta, descubre nuestra protagonista un barco a lo lejos. Forzó la vista para ver la bandera y le pareció descubrir una calavera con dos tibias cruzadas debajo... Pero claro, ustedes ya se imaginan que ésa es otra historia.

Glosario:
**Déshabillé = Negligée = Salto de cama/Bata de dormir*

Nota de la autora:
Me acaba de enviar un fax (ya se imaginan quién) Dice el mismo ¡que la raptaron unos piratas! ¿? ¿Debo creerle acaso? para mí que es demasiado vivaracha, después va a querer compartir el crédito del libro conmigo nada menos, jajaja...está lista. Aunque pensándolo mejor ¿no será verdad? Sabemos los líos en que se mete, hmmm...

*****

Hasta tanto sea liberada y para aprovechar mejor el tiempo, les ofrezco un relato extraoficial:

EL CONSULTORIO

Entro al Consultorio respirando algo rápido, miro el lugar, el mobiliario, sobre todo las sillas; algunas permanecen vacías, como aguardando a los sufridos pacientes. Son de un verde lavado, que no dice nada. Espero que me atienda alguien, no sé, una secretaria... alguien. No viene nadie a mi encuentro, tampoco ubico algún recoveco donde pudiese estar metida. Me siento entonces.

Frente a mí está ubicado un señor que viste de negro. Observo su cara de asceta, bien árida, rigurosa, parece que contuviera el filo de una hoja de afeitar. Lo miro, y algo por dentro se encoge, como una hojita que tenía savia, que alguna vez tuvo vida, mientras ahora yace estrujada, hasta escucho el ruido que hace...

Sus ojos no me miran y agradezco tanta suerte, ya que podría jurar que aquello que miren, perece, como si emanaran un frío que congela en el acto. Aprovecho la circunstancia, para fijarme un poco más en él y noto que su cara tiene la misma coloración de las sillas, un ramalazo verde cruza su rostro en diagonal. La tiene marcada de surcos tan hondos, tan abismales, que de seguro si uno tira una monedita a alguno de ellos, no oirá jamás el ruido al caer...

En ese momento, llega hasta mí una joven que parece ser la secretaria del lugar. Tiene en sus manos una agenda y una lapicera. Pregunta con voz casi inaudible mi nombre. Se lo digo, y aparece una débil semi- sonrisa al constatar que estoy anotada. Acerca su cara, para saludarme con un beso que resulta impalpable. Cualquiera que la vea, podría decir que también es insípida e inodora. Lo de incolora está a la vista. Se aleja con pasitos menudos como saltando, casi ingrávida, y en un instante parece desaparecer en el aire ¿?

Como da la impresión que tengo para rato, me entretengo observando a las demás personas.

El hombre a mi derecha, silla de por medio, es por completo diferente al primero.

Corpulento, seboso y ceroso. Muestra protuberancias en su rostro, como montículos de grasa sin utilidad alguna, salvo el despertar asombro y unas ganas salvajes de desparramarlos de forma más armoniosa. Esparcirlos, amasarlos, aplastarlos, como si fueran de arcilla, lo que sea, pero que quede todo más parejito. Eso me doy cuenta, mirando sólo por el rabillo de mi ojo derecho por supuesto. Se pone a hablar con una señora frente a él, y noto que sus mofletes se mueven al hacerlo. Corren de

Este a Oeste, movidos por un viento interno. El resultado no deja de ser gracioso. Es la cara de un hombre mayor, con mejillas movedizas, saltarinas, que semejan tener vida propia e independiente. Aunque en un momento dado que se volvió hacia mí, me di cuenta que de frente, inquietan con pensamientos de cierta lascivia, porque semejan una vulva...

Rápidamente vuelvo mi cara hacia el frente. Ya no está el hombre verdiseco. El asiento de la silla que lo sostuvo, despide una sensación de aridez, quedó estéril a mi entender. Ningún microbio, ni bacteria, podrá a partir del momento en que se sentó, tener vida.

Suena el timbre y aparece de la nada, como flotando, la secretaria. Abre la puerta o se abre sola, no sé bien, y veo a un señor con el cuerpo tan encorvado, que semeja una U puesta al revés. Para hablar con él, la joven mira hacia el suelo. El hombre tiene un rostro largo, tanto, que veo cómo con la barbilla, levanta nubecitas de polvo de la alfombra. Luego se sienta atrás, fuera de mi vista.

De pronto se escucha un estruendo terrible, un grito, quejidos, y se abre la puerta del Consultorio de golpe, saliendo como una exhalación el hombre enjuto, que casi de inmediato desaparece.

Apoyándose en el marco, aparece el Odontólogo tembleq ueando, vestido con un delantal semejante al de un matarife, gris, con manchas rojas. De su mano izquierda, cuelga con impericia, lo que parece un peligroso y enorme torno, aún zumbando. Está muy pálido, empapado de transpiración. Trata de hablar pero no le sale sonido alguno. ¡Es idéntico a Mr. Bean! ese personaje tan simpático del Reino Unido...pero ¿acaso es éste el dentista que me toca? Noto que me señala con un dedo que sufrió un impresionante tarascón, dado por el anterior paciente sin duda, y cuelga a media asta. Ese dedo me señala como si fuera el brazo de la Justicia Divina, acusándome de todos los pecados cometidos por mí, desde que era un organismo unicelular hasta la fecha.

Me levanto aterrorizada, no puede ser que tal energúmeno, ose realizar algún trabajo dental en mi boca. Llego hasta la puerta, olfateo como perro de presa el miedo de él, mayor aún que el mío, y echo un vistazo rápido por dentro.

La silla dental con todos los instrumentos de tortura, está volcada. Un chorro de agua sale todo el tiempo hacia el aire, empapando todo. Encima de la mesa, bien a su alcance, hay un: "Manual para lograr ser Dentista en Diez lecciones" Primeros pasos, etc...

Seguramente mi boca se abrió sola en una O gigante, producto del asombro ante tanta improvisación, lo cual aprovechó el "Profesional" con sus ojos bizcos, para intentar enchufarme el torno a diestra y siniestra, sin interesarle demasiado cuál era el diminuto problema que me llevaba hasta ahí.

¡Salí como flecha de tal pesadilla! ¡Tan veloz que dice la leyenda, pareció un tornado!

¡Se levantó una nube de tormenta pocas veces vista, arrasando con todo! Con semejante torbellino, se quebraron todos los vidrios, volaron sillas con pacientes incluidos, la mesa, la secretaria, el Manual, y hasta el torno quedó dando vueltas como una calesita...

Nota de la autora: ¡Apareció! pálida, con el vestido rasgado, ¡¡¡pero con los ojos brillantes y una expresión de alegría y satisfacción impresionante!!! Me parece que esta vez no le preguntaré detalles por las dudas...

*****

JAPÓN, LA GRAN SORPRESA

Si existen algunas personas que piensen que la Sra. D es un tanto excéntrica, créanme, esa misma señora se sintió minúscula en sus extravagancias al lado de las singularidades que descubrió durante su viaje por Japón.

Todo comenzó al tatuarse en "salva sea la parte" durante sus años mozos, una flecha con el nombre del afortunado en tales momentos, devengado en amor perdido y más tarde en directamente olvidado.

Cuando quiso borrar para siempre su tattoo, descubrió que la cosa no era tan sencilla. Probó desde cloro puro hasta un polvo de cocina mezclado con aloe vera, desde una lija mojada en agua y sal hasta peróxido de hidrógeno y ácido tricloroacético. Al fin, con la piel hecha una pasa de uva y el tatuaje más evidente que nunca, tiró la toalla y comenzó a buscar otros remedios.

Supo en sus investigaciones, que en Japón odian los tattoos por estar vinculados a la "Yakuza", la mafia japonesa, además de considerarlos de pésimo gusto. Incluso no se pueden mostrar en público.

Hay varios países donde están directamente prohibidos. Ante todo esta información, a nuestra querida señora no le quedó otra que viajar a Japón, considerando que un país que aborrecía tanto los tatuajes, tendría elementos para quitarlos de manera instantánea y para siempre.

Pero ¿qué les cuento? no entiendo cómo pasó, el caso es que la mafia japonesa se enteró que dicha mujer era una viudita apetecible y tenía un tatuaje, por lo que ni lerdos ni perezosos, le mandaron de inmediato una foto del galán que quería conquistarla:

Acá se las muestro, "derriere" y delantera, ¡qué horror!

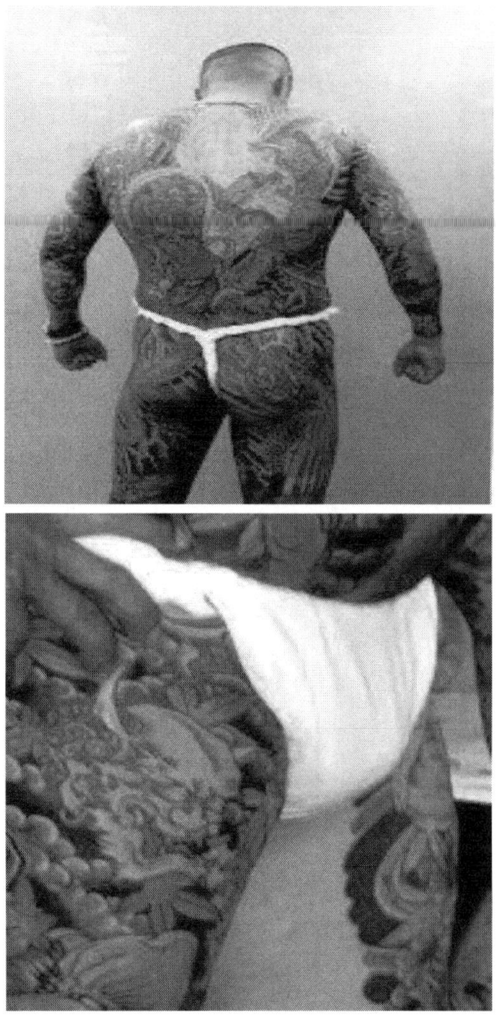

Mientras se reponía del susto, le llegó otra foto para invitarla a concurrir a las cenas y encuentros grupales, ¿le agradaría quizás? ¡no por favor!

Ya en el país Nipón, buscó por todo el aeropuerto un baño común y corriente, uno de esos baños con un retrete o sanitario normal. Fue imposible. Los váter ahí son tan complejos que se aconseja seguir un curso de al menos medio día hasta lograr manejarlo como corresponde. Por empezar parecen una nave espacial, repletos de botones, mangueras y luces. El borde para sentarse, puede tener un aspecto de césped mullido recién cortado o el que elijas, que para eso hay un muestrario, además está calentito, tiene un botón para activar un chorro de agua caliente que te limpia por detrás y uno especial para las chicas que limpia por delante. Luego, una tecla de secado tibiecito y un sensor si te levantas para bajar el agua. Mientras estás en tus menesteres, pasan la música que desees y por una pantalla muestran las imágenes o películas de tu interés. Pero a todo esto, nuestra buena señora estaba demasiado urgida dado que había tomado casi un litro de agua mineral y debía soltarla en algún lado, por lo tanto dejó la valija, pasó como rayo en Migración y se escapó de los policías que intentaban apresarla para ir a parar a un pequeño bosque cercano y allí, detrás de un árbol, alivió su vejiga la pobrecilla. Luego regresó, sin embargo no todo fue tan sencillo y debió dar las explicaciones correspondientes a varios funcionarios y policías quienes pese a todas las reverencias, sonrisas y "konichiwas" de ella, no consiguieron romper el hielo. Luego de cinco horas pesarosas finalmente, fue a parar al hotel tan económico que consiguió. Claro que no era apto para claustrofóbicos:

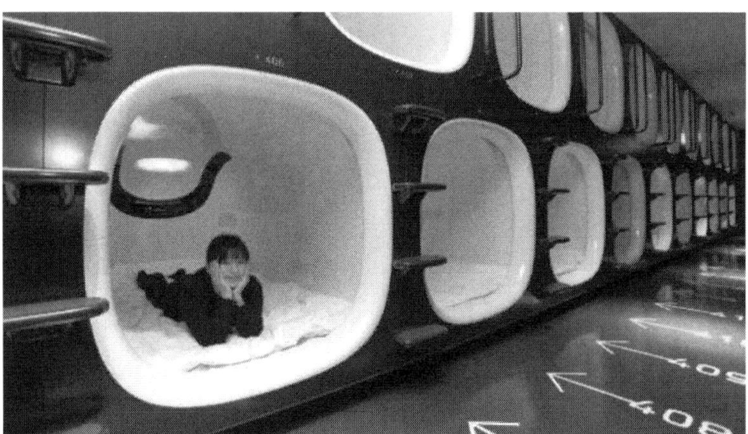

¿Por qué será que suele tener estos percances?

En cuanto dejó su valija, quiso recorrer Tokio. Quedó atónita al adentrarse en el universo japonés y descubrir algunas de las características que poseen. Maravillada, asombrada, valorando todo, quedó con la boca abierta y no la cerró casi hasta irse de ese maravilloso país, tal como le sucedió en India.

El metro era moderno, tan seguro como las calles, limpio, ordenado, los pasajeros silenciosos, educados. Sin embargo encontró algunas cosas un tanto extrañas, acá se las muestro:

El tiempo es oro y esta chica lo quiere ahorrar a toda costa mientras se dirige a su trabajo.

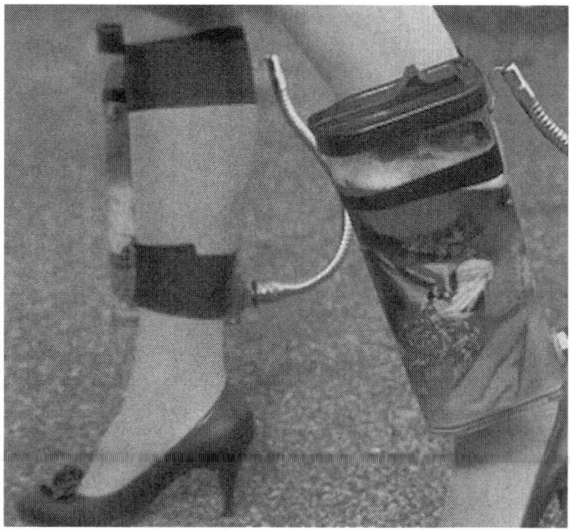

O esta otra mujer que no tuvo tiempo en su casa y confía que con la caminata se sacuda todo y pueda lavar perfectamente su ropa.

Nuestra amiga entendió que cada país tiene sus costumbres y decidió no asombrarse demasiado. Ahora más que nada le interesaba acudir a un Instituto de belleza para ver el tema de su tatuaje. Al llegar y observar bien a las muchachas y mujeres que se encontraban en ese lugar, no pudo dar crédito a lo que veía. Chicas hermosas caminando chueco a propósito, con una profesora enseñando a caminar aún más chueco. Era evidente que la moda de las colegialas ingenuas e inocentes se impuso por completo en todo Japón y se tiene la idea que caminando así, parecen más jovencitas. Mientras esperaba ser atendida, vio salir chicas con los ojos vendados de un consultorio. Al preguntar el motivo, le contaron que se los operan así parecen más grandes y si no desean operarse, con una simple gota de pegamento especial, ellas mismas se pegan los párpados y sanseacabó. A estas alturas la capacidad de sorpresa en ella estaba casi repleta. Por poco estaba a punto de salir disparada, cuando de pronto salió de otro consultorio con una muchacha con la que un rato antes estuvo conversando y que ahora tenía los dientes mal alineados, ¡toda la dentadura estropeada! Al preguntarle el porqué, le explicó que el odontólogo trabajó rápido y muy bien al saber que quería tener una imagen más aniñada. Si le gustaba y lo deseaba para ella, le propuso pedir hora. Ahí sí, se terminó de decidir y salió corriendo y no paró ni descansó, ni siquiera tomó agua, hasta llegar a su cubículo. Caramba, qué extraños gustos. Era verdad la moda de las colegiales y mientras más niñitas mejor. En tal sentido se sintió tranquila porque no iba a tener problema alguno con los señores, seguramente no los iba a atraer su aspecto tan occidental. Pero los de la "Yakuza", estaban al tanto de sus correrías y donde se hospedaba. Sabían que no se borró el tatuaje y es más;

jamás iba a encontrar en todo Japón quien la ayudara, dado que ellos controlaban todo.

Ignorando eso, descansó un poco y fue a comer a un pequeño restaurante donde estuvo más de dos horas haciendo reverencias y viendo cómo se las hacían, los mozos, el lavaplatos, el encargado de la limpieza, el cocinero, y cada uno de los cinco dueños. Quedó con la espalda dolorida, pero al fin pudo sentarse y comer algo. Bah, sentarse es un decir, se sentó pero en una silla sin respaldo ni patas, porque la mesa era a ras del suelo y tuvo que poner los pies en un hueco especial para tal efecto. Eso no fue nada, el asunto llegó a la hora de pagar; tocar el dinero no está bien visto, por lo que si no se trata de comida de máquinas que las hay e incluso las sirven calentitas, se ha de depositar el dinero en una bandeja para tal efecto. El encargado de tomar el dinero anuncia en voz bien alta la cantidad depositada y el cambio que devuelve, mostrando cada billete y haciendo reverencias a veces tan profundas que las manos con el dinero, pueden quedar encima de su cabeza.

Al salir ya media encorvada y caminando con cierta dificultad, se topó con este espectáculo, (el cual si se está resfriada, le pareció de una practicidad absoluta):

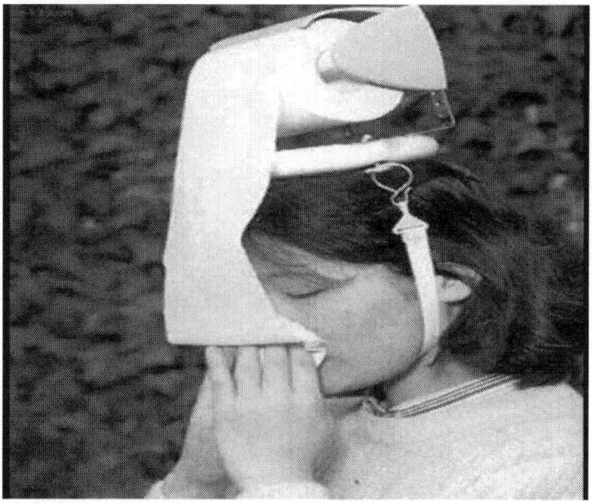

Lloviznaba un poquito, pero bueno, hay que ingeniarse para no arruinar los zapatos:

A estas alturas, ya nada le parecía extraño. Caminando por esas calles se topó con gente común disfrazada de personajes de dibujos animados, y los negocios y anuncios publicitarios ofrecían videojuegos, manga y anime a full. ¿Qué más le podía extrañar?

Era porque aún no estaba al tanto de la Agencia de Viajes para mascotas, "Unagi Travel", todo un boom en Japón. Un amigo de Canadá la llamó en cuanto se enteró de que estaba visitando Tokio para pedirle por favor visitara a su mascota, un osito delicioso llamado Terry.

Por él se enteró de esta agencia tan... especial, por llamarla de alguna manera. Si hay un peluche en tu casa, eres una persona muy ocupada y lo notas algo triste, te comunicas con esta agencia y se lo envías por correo en una cajita bien confortable rumbo a Japón. En cuanto lo reciben, te muestran un seguimiento de tu mascota durante toda su estadía gracias a Facebook. La agencia se encargará de mostrarle Tokio, le enseñará japonés (...) y depende del contrato, pueden llevarlo a un parque de diversiones entre otras distracciones. Desde luego que se hacen amiguitos de otros peluches con quienes cuando partan, seguirán en contacto. Están teniendo tanto éxito que piensan expandirse a los Estados Unidos. El caso es que tuvo que ir a ver a Terry y le llevó varios caramelos para convidar a sus amiguitos. Sacó algunas fotos que me mostró por qué la incrédula era yo, en esos momentos; véanlos por ustedes mismos.

Acá se los ve muy concentrados durante una de las clases:

En la foto de al lado como verán, se encuentran disfrutando de la comida.

Haciendo gimnasia en el parque.

Terry tomando su café con leche, algo triste ante la perspectiva de su regreso a casa. Así es la vida...

Quise conocer ese lugar y en cuanto nos encontramos, la Sra. D se largó a llorar desconsolada, pensé que era por Terry, pero no, era por ella. Me confesó entre hipos que Japón era el único lugar en todo el mundo más extravagante que ella y eso la había descolocado por completo.

Toda una vida de descalabros y monerías para descubrir finalmente que lo de ella no era nada en comparación con lo que encontró en Japón. ¿Para eso había gastado en psicólogos? ¿para eso la gente le decía que era algo chifladita? ¡¡¡Nooo!!!

Era evidente que se encontraba en medio de una crisis. La dejé en su hotel cubículo/cueva/cuchitril, algo más calmada.

Eran las cinco de la mañana, puro silencio en esas cuevas... Ella dormía plácidamente (luego de varias copitas de sake), en medio de la penumbra del amanecer. De pronto cuatro forajidos con las caras tapadas, irrumpieron en su covacha, seguramente para secuestrarla. ¿Serían de la "Yakuza", la mafia japonesa? Eran grandotes y un tanto malolientes. Temblando de miedo y casi sin respirar, no tuvo más remedio que permitir que la ataran de pies y manos, eso sí, muy educados todos, le hacían reverencias a cada instante, mientras por lo bajo la amenazaban en japonés. Bueno, imaginó que la amenazaban, ¿sino qué otra cosa murmuraban? Su corazón galopaba a mil por hora mientras pensaba qué sería de su pobre vida. Escuchó el sonido de una música, la había puesto para despertarla y entonces cayó en la cuenta que había sufrido una pesadilla. Aún con el corazón agitado y las manos que no respondían del todo, se miró apenada el tattoo más visible que de recién hecho y decidió igual hacer su valijita, poner pies en polvorosa y retornar a su casita tan querida. Quedaría para más adelante su esperanza de convertirse en una Geisha inigualable. Esta vez en serio, haría un curso para hacer calceta, se lo prometió a sí misma.

*****

CREANDO CON LA SEÑORA D

La inefable Señora D, es una artista de alma. Una de las artes que cultiva, es la pintura. Suele decir a quien quiera escucharla, que la pintura es una verdadera terapia para ella. En honor a la verdad, para ella todo aquello que la haga feliz, lo es. Se encontraba en un tiempo de espera, uno de esos momentos "blancos", de "sequía", que a veces suelen ocurrir. Claro que el tema pasaba porque en el departamentito donde vivía, no tenía el espacio ni la comodidad que necesitaba para pintar y embadurnar a su gusto. Recuerdo que la anterior casa quedó prácticamente invendible, con las paredes semiderruidas por sus experimentos, y los pisos y techos llenos de tremendas manchas de una pintura a prueba de agua y solventes. Además tapó sin querer todas las cañerías con pintura, o sea que había que cambiar todas. En el jardín, la gente no sabía de qué color eran las plantas. Como allí pintaba con aerosoles, había plateados, amarillos, negros, marrones, en fin, cualquier color menos los originales y los árboles, plantas y flores no se distinguían casi. El tanque de agua inutilizado por completo, al querer probar una pintura para hacerla verdaderamente ecológica, y así toda la casa. Son demasiados detalles para consignarlos acá. Pudo vender el terreno, eso sí.

Y ahora se encontraba con que casi no tenía un lugar donde pintar a su gusto. Necesitaba un galpón, un loft, algo similar, que fuera inmenso, con piso de cemento, donde poder lanzar pintura sin problema y tener todos sus materiales bien a la mano. ¿Cómo no pasar por un período de falta de creatividad? Sin embargo, haciendo un pequeño esfuerzo de voluntad, ideó la manera de poder pintar una madera enorme sin ensuciar nada en su flamante casa. Les contaré cómo hizo: siendo las tres de la madrugada, abrió la puerta de entrada sin el menor ruido, y así, despacio y sigilosamente, sacó al pasillo de su piso la maderota, los aerosoles, trapos, llaves y demás.

Como de tonta no tenía ni un pelo, bajó varios pisos y allí dispuso todo lo necesario para pintar. Comenzó con una base en aerosol con la cual untó bien la madera, la dejó secar y de inmediato se dispuso a usar los diez aerosoles de diferentes colores. Parecía una acróbata moviéndolos en el aire y cada tanto:

- Pshh, pshh... - esparcía en la madera cualquier tubo, aquel que tocara. ¡Quedó buenísimo! claro que también así quedó todo el pasillo del tercer piso. Las paredes, pisos, baranda de escalera, escaleras, ¡absolutamente todo pintado como un delicioso arco iris colorido! Cuando nuestro personaje se dio cuenta del pequeño detalle, puso de inmediato los pies en polvorosa, llevándose sus trastos. Subió volando por las escaleras con la madera grande y pesada, los diez aerosoles, la base, los trapos y las llaves en menos que canta un gallo. Al entrar a su santuario, suspiró aliviada. ¿Quién podría enterarse de su travesura? nadie. Además le había encantado el aspecto que tenía ahora el tercero. Tal vez quisieran pintar así todos los pisos...

Se durmió con la consciencia serena y en paz.

Al día siguiente el portero tocó a su puerta. Ella ya había guardado las pruebas a buen recaudo, de modo que cuando atendió, se encontraba tranquila como sapo de otro pozo que no comprende de qué le hablan. El pobre hombre estaba nervioso e iba preguntando a todos los inquilinos si sabían del acto de vandalismo que se había cometido. Desde luego que lo negó rotundamente, e incluso bajó para ver su obra a plena luz del día; quería regodearse contemplándola.

Bien, había calmado su sed de creatividad pero tan sólo en parte, debería ver qué más podía hacer en ese lugar dadas las circunstancias. Enseguida se dio cuenta que su departamento estaba lleno de soportes para pintar, por lo tanto pintó espejos, ventanas, hizo murales en cada habitación y arrancó todas las puertas. Vivía sola así que ¿para qué tenerlas? Cuando hubo terminado con todas ellas, le tocó el turno a los techos, no era nada sencillo pintarlos, pero ya en su anterior casa lo había hecho, así que tenía sobrada experiencia. Por poco no cuenta el cuento un día que la escalera se quebró, sin embargo la famosa señora es como los gatos. Tengo entendido que ya gastó al menos 5 o 6 de sus vidas y aún sigue dando que hablar. Al terminar con los techos, le siguieron los pisos, nada más fácil desde luego. Sólo tenía que tener cuidado por donde pisar, una pavadita si vamos al caso. Cierto día entró una visita a tomar el té y por poco sale corriendo.

Es que al entrar, le pareció meterse en una especie de túnel psicodélico y se mareó de lo lindo. Imagínense, todo pintado, las paredes, techos, ventanas, pisos, todo.

Ya cuando a la artista de marras no le quedó nada para pintar (había probado de pintar sus obras de arte hasta en papel higiénico pero no le duraron nada) se le ocurrió hacer una gran obra en su balcón. Vivía en el décimo piso, puro aire y luz. Ideal para su pasión. Se llevó dos latas enormes de 20 litros cada una, de pintura blanca y negra alquitranada. Iba a crear una obra bien sobria, tipo minimalista, sin nada de colores chillones, bien zen...

Rasqueteó las paredes del balcón, se llenó de polvo pero era todo grato cuando se dedicaba a pintar. Selló la pared, y el único problemita surgió cuando sin querer ¡se le cayeron los dos baldes apoyados en la baranda del balcón...!

¡Ay, para qué les cuento! Vino incluso la policía para llevársela arrestada por Delito en lo civil y penal. Había provocado daños por negligencia en Propiedades Públicas, rompiendo parte de un semáforo, abollando el techo del auto de un diplomático y desencadenando un problema no digamos neurológico, pero sí insalvable para su imagen, al caer sobre la cabeza de un maniquí que estaban por subir a un camión para un desfile de modas muy elegante.

Pero si ella sólo quería hacer más bella la vida...

Después de varios años de cárcel - casi como en "Expreso de Medianoche" - sale nuestra heroína algo mayor es verdad, pero también más sabia y preocupada por todos los temas ecológicos.

Como ya no le quedaba lugar donde pintar, se le ocurre viajar en busca de ríos contaminados. Es así que viaja hasta el río Matanza- Riachuelo en primer lugar, donde desde una lancha, gracias a unos locos pero amados activistas, tiñe las aguas de un verde brillante con el objetivo de sanearlas. De ahí parte raudamente por el mundo, y pinta el Danubio - quién diría - gravemente contaminado, el Nilo, el Indo, el Ganges, y los del sudeste asiático. Sigue comprando cantidades industriales de esa pintura fosforescente ecológica, los que la venden, se la dejan a precios de rebaja, porque sale en todos los noticieros su carita de pilluela. Y en cuanto se acerca a uno de esos ríos, la gente la lleva en sus lanchas, botes, piraguas, barcos o neumáticos, todo viene bien. Pasa por Laos, Camboya, Vietnam y China, hasta llegar al río Citarum, en Java, Indonesia. Para descontaminarlo precisa cincuenta veces más de materiales. No da crédito a lo que ve...Es el más contaminado de todos, y mira sin dar crédito a lo que ve, a la gente que ahora en lugar de ir al río a pescar, sólo van a juntar basura para luego tratar de venderla. Se pregunta cómo es posible que las personas descuiden tanto sus vidas, las de sus hijos, nietos, y al Planeta mismo. Ella será una “loca linda” pero bastante consciente de lo que es correcto o no.

No sabe que desde hace un tiempo, la persiguen varios gobiernos que no soportan la descontaminación de sus ríos. Si ellos los dejaron así, si todo tiene su aval, ¿quién es esa loca mujer para venir a entrometerse en sus asuntos? La ubican tirando los últimos litros en Citarum ¡y nuevamente la apresan!

Frente a un tribunal chino trata (en chino) de hacerse entender. Lógicamente no la comprenden y ni hablar de un intérprete, deberá valerse por gestos o como sea. Y de no poder, ¡en galera!

La acusan formalmente de limpiar ríos que todos quieren que permanezcan así, bien sucios, sin agua casi y sin peces, con la basura flotando a todo trapo. La acusan además de descontaminar peces Pangasos.

Ahora estos peces ya no están contaminados con mil porquerías que los dejaban tan sabrosos, aunque trajeran enfermedades, ¿qué importaba? En suma, está desbalanceando ¡nada menos que la economía de los países! ¿dónde iremos a parar si permitimos estas cosas?

Por más cabriolas que nuestra dulce señora hace, por más sonrisitas, hoyuelos, rulos en su cabello, gestos para que la comprendan y demás monerías, la llevan al calabozo como a Richard Gere en Justicia Roja. Tuvo que interceder la Embajada Argentina en China, para lograr sacarla.

De regreso a su departamentito, de ahora en adelante asegura que se dedicará ¡solamente a hacer calceta!

¿Le creemos?

*****

VAYAMOS AL INSTITUTO DE BELLEZA

Entrecerrando los ojos se miró al espejo, y algún pensamiento los debe haber abierto de par en par, ya que se miró nuevamente y tomó de inmediato la decisión. Siempre amó la belleza ¿qué era eso de tener grasita sobrando, enaguas colgando, y rímel surcando (no sus ojos precisamente)? De manera que en cuestión de un mes, la famosa Señora D parecía su hermana menor.

La idea surgió de su reciente viaje a Venus, cuando fue abducida por cuatro simpáticos sujetos, aunque algo sinvergüenzas con antenitas y todo. Claro, era el Planeta del Amor y la Belleza. Allí la masajearon, empolvaron, untaron y maquillaron de lo lindo, y fue en ese lugar paradisíaco donde aprendió secretos de belleza guardados por eones. El llevar toda esa sabiduría a la Tierra, amén de medio kilo de cenizas volcánicas, fue el detonante de su resolución.

Pero ahora era casi de madrugada y su plan de belleza perfecto, incluía un descanso reparador de 48 horas mínimo para descansar de las travesuras venusinas.

Luego de dos noches espectaculares, donde charló en la primera de ellas con la Esfinge en el Cairo de mil cosillas, y partió durante la segunda a buscar perlas negras en Tahití, se despertó algo cansada. Era fácil de motivar y le bastaron unos segundos para tomar nuevos bríos. Prestamente entonces, se levantó de la cama y el pie derecho fue a parar con toda su fuerza dentro del bol depositado en el piso, que contenía una ensalada de frutas llena de almíbar, postre con el que se regaló la noche anterior. El contenido se derramó por completo y alegremente en la alfombra nueva. Riéndose a carcajadas, se fue saltando en una pata hasta el baño para lavarse, dejando un dulce reguero a su paso. Cada noche dejaba al pie de la cama vestigios de su última manducada, sabiendo que al día siguiente pasaría un desastre - que por supuesto pasaba - Feliz entonces, al notar que su pronóstico se cumplía, comenzó a organizar el día. Era la nueva modalidad, sí señores, ahora cada cosa se planificaba con antelación. Ya no más Señora D atolondrada, ¡nada que ver! Ahora llenaba cientos y cientos de minúsculos papelitos que colocaba rápidamente y sin mirar en cualquier sitio, cosa de no encontrarlos jamás. Sobre todo si era un asunto importante, los demás los hallaba enseguida, claro. Aunque los que descubría tampoco podía descifrarlos, ya que no entendía la letra y jamás se enteraba de lo que decían. Pero el germen de la organización se había puesto en marcha, y eso le daba satisfacción y una gran confianza como de deber cumplido.

El organigrama del día lo dedujo rápida y fácilmente sacando la numerología de la fecha, haciendo un cálculo con su propia numerología, tomando en cuenta en qué fase se encontraba la luna, mas todo lo que adivinaba en las formas caprichosas de las nubes en ése preciso momento, y sobre todo por aquello ininteligible que captaba de Pedrito, el loro. Pedrito era el loro de su vecina, distante quinientos metros de su casa, sea como sea, lo milagroso del caso era que siempre acertaba. Ese día dedujo por lo tanto, estaba destinado a pensar cómo abrir su propio Instituto de Belleza, o mejor aún, ¡un Spa!

No lo mencionamos antes pero la Señora D es toda una belleza madurita de unos cincuenta años (sin cuenta) y desde siempre le había interesado la estética. Quería probar unas máscaras cuya fórmula ultra secreta, perteneciera a la difunta Helena Rubinstein. De sus propios labios antes de expirar por completo, la había escuchado. Claro que Doña Helena habló en Arameo antiguo, y ella no pudo comprender ni jota. Pero ¿para qué existe la creatividad entonces? Improvisó y armó una fórmula personalísima, según su leal entender. Ahora además contaba con las enseñanzas Venusinas, y eso no era ninguna tontería. La acompañaría en su experimento la vecina que justo ese día acertó a ir a su casa, para pedir prestada una taza de azúcar. Silbando a todo lo que da (era una de esas mujeres que saben muy bien hacerlo) comenzó a preparar los ingredientes. Sabía que de resultar un éxito, esas máscaras serían la base sobre la que construiría su Spa. La noté muy ensimismada sacando botellas y filtros de colores, llevando cajones al parecer muy pesados, una cajita de vidrio donde se veían unos bichos asquerosos arrastrándose – otra más grande también vidriada... - e incluso un frasco de laboratorio que contenía algo misterioso y muy especial por el aspecto, el cual sacó del freezer para leer la fecha de vencimiento pero de inmediato volvió a dejar mirando rápidamente para ambos lados, por si alguien espiaba –

(a mí ni me vio) – ¡también transportó de acá para allá unas pequeñas jaulas...! La observé preparando con sumo cuidado todo lo necesario, pero sólo supe de algunos pocos ingredientes...

Puso manos a la obra, arrastrando varias cajas y cajones. Llenó hasta el tope la bañera con cerveza como sabía se usaba en spas de Austria, Alemania y Checoslovaquia con mucho éxito, y le puso un toquecito de su cosecha, una medida de la mejor leche de cabra virgen (la tenía amarrada en el fondo) y dejó aparte el Beaujolais Nouveau del Resort Hakone de Japón. Sabía que no era conveniente mezclar bebidas alcohólicas. Al ver tamaños preparativos, me di cuenta que la archiconocida Señora D no se andaba para nada con chiquitas. Era más que evidente que luego de atender a Fidel Castro, se había preparado concienzudamente en sus tareas tanto de sanadora como de esteticista. Fue enseguida a ver cómo se encontraba la vecina - que por un tema de confidencialidad llamaremos simplemente NN - la notó algo ansiosa, quería su taza de azúcar y nada más. Claro que la Señora D podía convencer a cualquiera de lo que sea y al cabo de dos minutos y una copa del Beaujolais sobre todo, NN se rindió. Ése fue el momento elegido para evaluar detenidamente la condición de NN, y saber exactamente qué tipo de tratamientos llevar a cabo.

Agarró su lupa XL Ultra Aumentux y anotó todo lo que veía con sumo cuidado, claro que con esa letra que nadie ni ella misma entendería jamás. Y comenzó el operativo: ¡Belleza Total!

Comenzó por remojar un algodón en la copa de vino para limpiar la cara de cualquier rastro de polvo. Eso se notaba que le gustó a Doña NN, porque ya alegre por el vinacho, sonreía de lo lindo. Cuando nuestra protagonista agarró barro del Mar Muerto diez minutos antes de su deceso, sal marina, ajo, cebollas, limón y una pizca de nuez moscada para frotársela junto con 10 kilos de arcilla (otro barro pero común, bah) y la envolvió íntegra, mientras estaba la mezcolanza tibiecita, todo bien. Pero algo más tarde ésta se secó y comenzó a tirarle, entonces la pobre mujer daba toda la impresión que no estaba demasiado contenta por los gestos que hacía. Apenas que podía moverse, ya que por último tuvo la ocurrencia nuestra tan querida Señora D, de envolverla como matambre tipo momia, con 1.500 metros de una ancha cinta adhesiva que como se sabe, iba a hacerle transpirar de lo lindo. La Señora D si algo hay que decir, es que es demasiado atenta con su trabajo y no se detiene en nimiedades tales como ojos desorbitados, sonidos guturales que nadie comprende, y tonterías así. Por lo que prosiguió sin tardanza con su tarea y para mayor comodidad de su paciente momificada, agarró un ginche y la levantó de las cintas, para depositarla con todo cuidado en la bañera repleta de cerveza. Ahí sí que iba a estar a sus anchas la vecinita, que se vaya a hacer morisquetas ¡y a quejar después a Gardel!

Notó que el cabello de NN se encontraba francamente deslucido, entonces le hizo una máscara capilar con yema de huevo, aceite de oliva, algas y avena. Se la aplicó mientras NN disfrutaba (supuestamente) del baño. Consiguió colocarla, pese al movimiento histérico con la cabeza de la vecina, ¡pero qué cosa!, ¿sería posible que no deseara verse más bonita?

Igual ella prosiguió con una plancha bien caliente, para aplastarle los mechones parados de pelo.

Se fijó en la hora y la dejó un rato más en la bañera por las dudas, mientras se tomaba varias copitas. Al trabajo hay que saber agregarle algo de alegría y sana diversión. En ese momento, la radio pasaba un chachachá del tiempo de su abuelita, por lo que se dedicó a hacer cabriolas en el living, mientras la otra ya se decidía a matarla en cuanto finalizara el tormento. Cuando todo terminó - esto es la copita y la música - dio por finalizado el baño terapéutico. Nuevamente con el guinche, la agarró bien para depositarla en una cama solar que le habían prestado para probarla cuando ella dijo que iba a poner un Instituto de Belleza. La cama ya estaba bien caliente y el ruidito que hizo la mujer al pasar del frío y la humedad al calor, motivó la carcajada espontánea y feliz de la Señora D. Tenía la teoría que pese a estar su vecinita toda vendada, los rayos traspasarían el plástico de las cintas y quedaría echa una belleza con la piel bien pulida y tostada. Al notar que comenzaba a salir demasiado humo corrió a apagarla algo desilusionada, y mucho más cuando quitó las cintas de un tirón pese a los alaridos...Menos mal que tuvo la precaución de no sacar la ancha cinta de la boca, ¡así podía trabajar en paz!

Ante toda manifestación de NN, ella le chistaba con toda su fuerza: ¡Shhh...! y la otra dejaba de moverse, si fuera mal pensada diría que hasta parecía que le había tomado miedo...

Lo que asombraba a la aspirante a Esteticista, era el estado de la piel calamitoso, apergaminado y reseco, que le había quedado a NN. Por suerte con el tema de tirar de golpe las cintas adhesivas, no le quedaba ni un sólo vello eso sí, depilación perfecta. Así que sin parar mientes en detallecitos poco importantes, debería proseguir con su Plan de Belleza Total tan maravillosamente elaborado. Si la piel le quedaba así después de un poco de tratamiento, era porque no debía servir gran cosa. Tal vez algo genético, vaya una a saber...

Sin decir ni pío, la condujo a un asiento donde iba a hacerle la pedicura.

En honor a la verdad, no la iba a hacer ella, sino unos simpaticones pececillos Garra Rufa, conocidos como Dr. Fish. Ellos se comerían toda la carne inservible con mucho gusto y poco trabajo para ella. Ante la mirada más que asombrada y llena de terror de su vecina, al ver sus pies dentro de la palangana con agua y los Garra Rufa, le explicó que se usaban desde siempre en China, Japón y Turquía, ¿o ella acaso creía que utilizaba métodos comunes y corrientes? La otra sólo se limitó a agachar la cabeza, y con la boca tapada asintió sumisa, como si estuviese condenada a la silla eléctrica.

En realidad, recién empezaba a mostrarle algunos de sus mejores secretos de belleza...

Al rato todo era algazara en la sala, y la víctima, ¡uyyy dije algo impropio! la vecina o sea NN, estaba tentadísima de risa, porque los Dr Fish le hacían cosquillas de lo lindo. Ante ese mar de hilaridad, se atrevió la aspirante a dueña de un Instituto de Belleza, a traer una jaulita y a sacar de ella, varios ejemplares de serpientes. Había leído que en un Spa, al norte de Israel, las colocaban en la espalda para crear una sensación muy placentera de masaje y caricia. Antes le estrujó la cola a una para ponerle lo que saliera, tipo Botox o algo así.... ¡Pero le fue imposible colocárselas! ¿Podrán creer que ahí sí salió espantada NN, con un alga colgando sobre la oreja, como alma que lleva el diablo? Tras ella, corriendo una maratón la siguió la Señora D, agitando el misterioso frasco de laboratorio, mientras le gritaba - Hey, falta el Semen de Toro para el cabello, ¡te lo deja hermoso! – mientras con la otra mano le mostraba un puñado de sanguijuelas y vociferaba – ¡Y faltan éstas todavía para desintoxicarte como a Demi Moore -!

No hubo caso, la mujer hasta el día de hoy se rehúsa a volver. ¡Con todo el trabajo que le prodigaron a manos llenas! Ingrata...Si ella sólo quería que fuera más hermosa...

Recordó en ese momento cuando unos años atrás, con la piel de un naranja rabioso por haberse puesto varias capas de un autobronceante bastante malo, se hizo una máscara de frutas. Aplicó bien en su cara limpia, una papilla de manzanas, encima puso rodajas tras rodajas de banana, y en los ojos sendas rodajas de pepino. En eso tocaron el timbre, alcanzó a abrir la puerta como pudo tratando de que no se le cayera la frutería de la cara, por lo tanto su rostro y cuello estaban totalmente horizontales y miraba de costado con un sólo ojo a través de la rodaja de pepino.

Sólo escuchó que alguien pegaba un alarido de terror y le pareció ver un jovencito que corría como si lo persiguiera un demonio. Jamás supo qué era lo que quería, así que se consoló comiéndose el pepino.

Y ahora la pobre se quedó ahí en medio de la calle con la sanguijuelas pugnando por salir de su encierro nuevamente y el frasco de semen de toro... sorprendidísima de la poca comprensión de algunas personas.

¡Acaba de salir su publicidad! ¡Lean y díganme si se anotan!

"Instituto de Belleza Total" (Unisex)
Horarios disponibles de Lunes a Viernes de 12 a 12.05 hs.
Reserva de Turnos, llamar al 000478 – 902 - 34501011
¡Llame YA!

Aclaración:
Por más estrambóticos que parezcan estos tratamientos, ¡existen! Tanto los peces Dr Fish como las serpientes utilizadas en masajes de espalda, las sanguijuelas, y desde luego, el semen de toro (...)

*****

UNA CENA DIGNA

Se trataba de una cena de categoría. La señora recientemente llegada al pais, quiso agasajar a quienes la habían ayudado de una manera u otra a radicarse en él. Para eso, preparó su casa a punto, llamando a un servicio especializado en Limpiezas para Empresas, ya que el edificio donde había adquirido el inmueble estaba recién construido, y todavía con señales de ello.

Además contrató un servicio especializado en Catering y otro de mucamas, servicio de vajilla completa, y mozos para atención de mesa. La casa fue profusamente engalanada con bouquet de flores, y su aroma y color prestada un aire de frescura incomparable. Los muebles nuevos, perfectos, parecían realizados a medida para el lugar. Amelia, la dueña de casa, se sintió satisfecha ante todo lo que su vista abarcaba en general. Desde luego que su indumentaria estuvo acorde a la ocasión. Era una mujer sola, pariente lejana de la famosa Señora D, no sé si alguno de ustedes la escuchó nombrar.

Como sea, las vituallas estuvieron a la hora convenida, los ayudantes de servicio se encontraban presentes, y los invitados comenzaron a llegar.

La música suave, fue un marco armonioso para el evento. La elegancia de las mujeres era digna de figurar en las revistas especializadas de reuniones sociales de categoría. Comenzaron con los "Hors d'oeuvre" (bocaditos, saladitos, canapés y demás exquisiteces) mientras el champagne corría sin medida, como potro desbocado. Al cabo de un rato, las conversaciones se animaron, las risas y sonrisas afloraron, y todos se sintieron muy satisfechos, la que mejor se encontraba era Amelia desde luego.

Fue al ir promediando la cena que comenzaron los primeros síntomas...

Vio cómo se caía de la silla y rodaba hasta sus pies, uno de los invitados más prominentes. Se levantó de inmediato a fin de saber qué le sucedía, sumamente preocupada. Se fijó en la cara pálida, que luego se tornó rojiza, después violácea, mientras temblaba por la fiebre y musitaba un nombre femenino, ante lo cual su esposa "paró la oreja". Otro se levantó y pareció girar en sí mismo, al irse agarrando a cuanto mueble pudiera, parecía muy débil y mareado; (hubo que conducirlo al baño de manera urgente). El tercero comenzó a tener leves convulsiones sobre el mantel, untando su cara en la ensalada Waldorf, mientras le caía mayonesa del mentón, y una nuez temblequeaba en una sola narina de su nariz.

Y así, uno a uno se fueron desmayando, sacando espuma por la boca y cayendo estrepitosamente. Los empleados del servicio, no parecían pasarla mejor, en la cocina se encontraban algunos inconscientes, mientras la chica lava copas pegaba alaridos.

Amelia quien era la única intocable ¿tal vez por no haber probado bocado? puso manos a la obra llamando casi de inmediato y de forma urgente a Emergencias. Mientras esperaba, aplicó paños fríos a los que temblaban, aflojó ropas, abrigó a otros, evitó que se lesionaran, y alcanzó pelelas y escupideras a todos.

En eso sonó el timbre bien fuerte; pero Amelia era un poquito desconfiada y no atendió. Había visto por la televisión de ese país, que existían robos y asaltos a casas de familia, de manera que no abrió. ¿Cómo iba a dejar entrar a cualquiera a su casa tan paqueta, recién estrenada? Además, ¿y si saqueaban a sus invitados? Por más que por el portero eléctrico explicaron que eran los de Emergencias, no los atendió.

Si vamos al caso, ella se arreglaba muy bien solita en realidad. La llamaron por teléfono todo el tiempo y el mismo no paró de sonar, pero tampoco cayó en la trampa, no era tan tonta. Tengamos en cuenta que era parienta aunque lejana, pero parienta al fin, de la Señora D.

La gente invitada junto al personal, parecían tener de todo, cólera, peste bubónica, rabia, epilepsia, peste negra, histeria, y hasta sabañones. Pero ella se mantuvo impertérrita, impidiendo la entrada a los forajidos. Que dijeran lo que quisieran, jamás abriría a unos completos extraños aunque según ellos fueran médicos. Bah, médicos...no creía para nada en la medicina alopática, si alguien se tenía que morir se moría muy bien sin su ayuda, muchas gracias.

En eso escuchó unos ruidos provenientes de la azotea. Se dio cuenta de inmediato que querían forzar alguna entrada de la casa, por eso redobló la guardia y colocó muebles y peso, detrás de cada posible entrada. Por último, ya cansados, se retiraron no sin antes dar aviso a la policía.

Ésta llegó al cabo de unos minutos, y Amelia no les creyó, ¡si ella no los había llamado! La policía entonces avisó a los Bomberos, dado que estos tenían el equipo necesario para abrirse camino donde fuera.

Apoyaron una escalera de incendios, y con un hacha rompieron todo a su paso. Un helicóptero trasladó a los de peor condición. Los enfermos fueron trasladados a la Asistencia Pública y están a salvo. Amelia si bien pena por su casa destrozada, se felicita por su valentía y convicciones firmes.

Curiosamente nadie quiere asistir a sus cenas.

*****

LA SEÑORA D PASA APUROS

Entretenida a más no poder, ese domingo, la Señora D la pasó de maravilla. Para empezar les cuento que se encontraba de vacaciones en Estambul, en un hotel de 5 estrellas. La noche anterior, al lavarse los dientes y pasar un hilo dental por entre ellos, se le cayó el diente de adelante que era una funda en realidad. Lo guardó en su mesita de noche, y al día siguiente para no perderse el desayuno buffet y que nadie note nada, se lo pegó con un pedazo de chicle, total, masticaba con las muelas, no con los dientes delanteros.

Como no encontró ese día un odontólogo de urgencia, vio un corto iraní, hablado en griego y subtitulado en turco, de cinco horas y media de duración.

Muerta de risa, al entender sólo por las imágenes algo, (y tergiversarlo por completo ya que era un dramón de aquellos) terminó de verlo, y se fue a pasear.

Pero ahora les haré una pregunta: entre nosotros, ¿quién es capaz de perderse en dos cuadras a la redonda? ¡acertaron al pensar en la Señora D! Trató de conseguir en el hotel un GPS personal, pero no tenían. Por lo tanto alquiló un auto. Claro que ella manejando es un verdadero peligro, y más en Turquía...Atropelló a varios que llevaban toda la casa encima de sus cabezas, no sé si los vieron, esos que tienen el ropero, todos los muebles del living, las macetas, la cama, el loro, y encima un colchón con cuatro pibes y una lámpara para alumbrar, y se la pasan subiendo y bajando por esas callecitas empedradas de siglos, a través de todo Estambul... Bueno, liquidó a varios de ellos. Tal vez era un servicio de mudanzas, no lo sé. Pero que ya no existe más, se los aseguro.

El problema grande lo tuvo al querer bajar y subir unas escaleras con el auto, también hubo algunos inconvenientes con los cambios, ya que estaba acostumbrada al automático; hacía tanto ruido con el acelerador y el embrague, que se la oía a quince cuadras. Luego, cuando quiso estacionar, emitió varias órdenes, y se quedó esperando mientras seguía dándole órdenes, pero el auto nada. Comenzó a gritarle entonces en guaraní, y hasta en hebreo, pero siguió sin reaccionar el pobre auto. Todo esto surgió porque ella toda su vida quiso creer, que el coche solito se desplaza horizontalmente y luego, se coloca en el lugar para estacionar, así de simple, directo y claro. Como tal cosa no sucedió, lo dejó en medio de la avenida y se fue.

Al día siguiente, aún con el diente en la mano, se fue al Aeropuerto para proseguir viaje a Hawai. Había quedado con su familia en encontrarse allí, en Honolulu, para unas cortas vacaciones. Viajó en United, y luego de más de treinta horas y dos escalas, aterrizó. Algún día, les contaré lo que fue ese viaje...

Lo más importante es que se reunió con su marido e hijos con gran alborozo de su parte, los demás, estaban algo así como resignados, qué se le va a hacer.

En cuanto bajó del avión, se la vio buscando por todo el aeropuerto un cartel, la familia le preguntó qué era lo que buscaba, y comentó que se había quedado sin cambio, por eso buscaba un cartel del Mercado Negro. Aclaro que no lo encontró.

Toda engalanada con el collar de flores de Bienvenida, acompañó a su marido y a los chicos, al lujoso hotel donde habían reservado. Era estupendo, la decoración magnífica, y flotaba una atmósfera tropical de alegría y gozo. A la hora de la cena, encontraron una especie de restaurante, donde la inefable mujer, quiso probar platos y bebidas típicas o al menos diferentes de lo acostumbrado. Así fue que degustó un plato de carne (en ese momento aún no se había vuelto vegetariana). Dicho plato se cocinó en un hueco de la tierra calentado con piedras volcánicas. A pesar de encontrarle cierto gustillo a tierra, le agradó. Junto a su desgastado y pobre marido, probó más tarde un postre de piñas y una bebida de color verde fluorescente que le dejó la boca por dentro, del mismo color (tardó 24 horas en irse, y cuando hablaba, la gente se asustaba y corría).

Al día siguiente decidieron ir de excursión a la cumbre del Diamond Head, un volcán desde donde se ven unas vistas increíbles. Para eso su esposo, el Señor E alquiló un auto, y enfilaron para allá alegremente los cuatro. Iban rumbo a esa maravilla, ascendiendo montaña tras montaña, cuando se toparon con un cartel que ofrecía un punto panorámico, el lugar ideal para sacar fotos. Por lo tanto estacionaron, a él se le ocurrió una brillante idea y quiso que dejaran abierto el auto, ya que iban a tardar sólo un minuto, en sacar la foto y volver.

En el corto camino hacia allá, vieron cómo iban subiendo a un micro de turismo, un contingente de japoneses, todos con la consabida cámara. Se saludaron con ellos, algunos realmente muy simpáticos, tomaron dos fotos y retornaron.

Al volver, encontraron el auto totalmente vacío. La Señora D había dejado su cartera en el asiento a instancias del Señor E, y la cartera contenía todo lo de valor de los cuatro. No sólo dinero, sino los documentos, pasaportes, tarjetas de crédito y pasajes, todo, absolutamente todo. Se quedaron duros, les había tomado sólo un minuto ir, tomar las fotos y volver, quizás dos, pero no más, ¿acaso los turistas japoneses...? Fueron a ver si aún estaba el ómnibus, pero ya había partido.

Se quedaron al lado del auto, sin poder creer en tan mala suerte, hasta que el menor de los chicos recordó una cara. Se trataba de un guardaparque que los saludó al ir hacia ese punto. Acertó a pasar un señor, y le pidieron que avisara a la policía, era un lugareño y tenía cómo hacerlo. Al poco rato, aparecieron varios patrulleros. El chico dibujó la cara del sospechoso, dieron aviso por radio, y volvieron con el rabo entre las patas al hotel. Al llegar, comentaron al Gerente lo sucedido.

Más tarde, caminando por entre los puestos de una feria, la Señora D volvió a encontrarse con una mujer que vendía artículos decorativos, y pequeñas piezas conteniendo abalón. Nuestra protagonista había quedado fascinada la noche anterior, ante un brazalete con abalón, y conversaron un rato ambas. A la vendedora, le había caído de maravilla la turista, juntas, se rieron bastante de algunas ocurrencias; por eso ahora cuando supo lo ocurrido, la puestera les pidió disculpas en nombre del pueblo hawaiano. Había quedado consternada, no supo cómo suavizar tamaño golpe, por lo tanto lo que se le ocurrió, fue ofrecer humildemente el brazalete que había gustado tanto. La Señora D no quiso aceptarlo, pero tanto insistió la buena mujer, que lo hizo, quedando muy agradecida ante esa muestra de calidad humana.

Debían irse en dos días, sin embargo ante este problema, sin dinero, ni pasajes, ni documentos, tuvieron que quedarse indefinidamente, ante la alegría de la Sra. D y la de sus hijos, tan raros como ella.

Fue sólo cuestión de verse en apuros, y a la señora, se le ocurrieron mil y un tips para vivir sin dinero alguno. Por de pronto, el alojamiento lo tenían asegurado, en el hotel les dijeron que no había problema, podían quedarse el tiempo necesario, hasta recuperar algo de lo perdido; una gran noticia, ¡ya lo creo! De manera que cama, agua y desayuno, ya tenían, y ante eso, bailaron llenos de alegría.

Mientras hacían todos los trámites para recuperar los documentos, pasajes, tarjetas y algo de dinero, se dedicaron de lleno a pasarla de lo mejor, sin gastar ni un centavo.

Por de pronto desvalijaron al mayor de los chicos - que había llevado sus centavitos ahorrados tras arduos sacrificios de años - para comprarse ya no recuerdo qué clase de aparatejo que los jovencitos adoran. Claro que semejante acto vandálico, sumó años de psicoanálisis y cantidad de traumas al muchachito, pero paciencia.

Luego se fijaron - para asistir - en todas las fiestas y celebraciones que iba a haber en Honolulu, durante las siguientes semanas, ya que suelen convidar de todo en ellas - me refiero a las fiestas del pueblo - ni siquiera hablo de cada uno de los casamientos y Bar Mitzvah a los que asistieron, vestidos de rigurosa etiqueta - lo cual les daba mayor crédito - aunque se preguntaran los organizadores, novios y demás parientes, cien veces mientras se rascaban la cabeza, quiénes eran...

La linda familia, comía a carrillos llenos, y muy simpáticos, sonreían a la gente, de manera que todos quedaban satisfechos.

De día paseaban en los micros de Turismo free por toda la isla, leían en las librerías muy cómodamente sentados, mientras los niños jugaban con todas las cosas que servicialmente les daban a probar, los vendedores en el Shopping.

La activa y coqueta Señora D, intentó rifar su diente delantero sin mayor éxito, por lo tanto se abocó a maquillarse con las últimas novedades en cosméticos, mientras acumulaba cremas de muestra, y perfumaba profusamente todo su cuerpo, con los perfumes de prueba.

Fueron a todos los Museos, Conferencias, Exposiciones y paseos habidos y por haber. También acudieron en masa a los Vernisagge, donde comieron a manos llenas quesos varios, y tomaron vinos y todo el champagne que ofrecían.

Mientras tanto, le ofrecieron a ella, usar ropa de diseñadores noveles para publicitarla, más tarde se la obsequiaron desde luego, amén de pagarle cierta suma. Un día cerca de un Monumento que nadie conocía, se puso a inventar historias al respecto, con tan buena fortuna que los turistas, la convidaron junto a toda la familia, a almorzar, y le entregaron una bonita suma de dinero.

Incluso contestaba encuestas por doquier, y tuvo una reunión con el Gerente del Hotel, por unas ideas que se le ocurrieron para aumentar la cantidad de Huéspedes, y elevar aún más su categoría. Sus ideas gustaron tanto, que les dejaron la suite sin costo alguno. El Señor E como imaginarán, estaba chocho por tener una mujercita así.

Otro día fueron - sólo para distraerse - a la más importante Inmobiliaria, recorriendo mil lugares hermosos y viendo las mejores casas y apartamentos. Como le vieron potencial, ya le estaban ofreciendo a la mujer ser una agente inmobiliaria, pero justo ese día, llegó al Hotel de la Embajada, una carta provisoria en lugar de los Pasaportes, y obtuvieron las tarjetas, junto a los pasajes.

De modo que se despidieron de todo y de todos con cierta melancolía, ya que jamás se divirtieron tanto en unas vacaciones.

Hawai, con la belleza de sus playas y paisajes, y la maravilla de su hermosa gente, quedó en el corazón de los cuatro como un hito en sus vidas.

*****

¡QUÉ CASAMIENTO!

Llegó el día tan esperado, ¡se va a casar la Señora D!

Claro que la Señora D ya estaba casada, pero los que la conocen, saben bien que ella es muy distraída, por lo tanto el tema de que ya estaba casada, realmente era un detalle menor para la mujer.

Soñaba con casarse con ese hombre que conoció en un crucero, mediana edad, distinguido, lleno de "savoir faire" y talentos varios. Fue un romance tan ardiente e impetuoso que pedía a gritos la libreta de matrimonio.

Estuvo atenta y alerta a los mil y un detalles de una ocasión tan especial como es la boda de uno. Se encargó de cada cosa personalmente, así, pudo asegurarse que todo iba a salir de maravilla. El día llegó, pero lo que no llegó jamás fue el vestido de novia.

La Sra. D comenzó a desesperarse, hasta que alguien le sugirió las cortinas de voile del living, como una opción inteligente y a la mano. Prestamente tiró de todas ellas, y con esos metros, improvisó un vestido que ya lo hubiera querido crear cualquier modistillo de los famosos.

El ruedo era bastante largo y no tenía tiempo de coserlo, así que ni lerda ni perezosa, tomó una cinta adhesiva del botiquín del baño y lo pegó íntegro. ¡Ya estaba listo! Un vestido de boda soñado.

Faltaba el ramo de flores, pero eso lo subsanaría fácilmente, total en la Iglesia o el salón habría flores, sólo necesitaba tomarlas y hacer el ramito.

Comenzó a maquillarse y a peinarse con el vestido puesto, ya que lo había agarrado con alfileres de gancho para darle forma, y no podía correr el riesgo de perderlos.

Entre una cosa y otra, se hizo la hora de ir a la Iglesia. La acera se encontraba muy resbalosa por una fina llovizna persistente.

El auto que la transportaba, realizó un sub viraje y luego un sobre viraje, con un susto mayúsculo de la novia como comprenderán. Pero llegó finalmente sana y salva.

La iglesia resplandeciente y llena de flores, le dio ocasión a la Sra. D de armarse un bonito ramo o mini ramo en realidad, que ató con un cordón de su zapatilla.

Olvidé mencionar que como el vestido era tan largo, decidió ir cómoda a su boda, por lo tanto usó sus tenis de siempre.

La Iglesia rebosaba de invitados tanto de parte de la novia, como del novio.

El que no aparecía por ningún lado era el sacerdote.

Lo esperaron por más de media hora, nadie sabía qué pasó con él. Al cabo de esa media hora, se ofreció un primo lejano de ella, antiguo alumno de un colegio católico (expulsado por rebelde y anarquista), a oficiar la ceremonia, y en eso estaban todos, cuando hizo su entrada triunfal el sacerdote.

El olor a alcohol que emanaba, se podía sentir hasta la mitad de la nave principal, pero por lo menos tenía cara de contento y entre bromas dio comienzo a la ceremonia.

De pronto, se escuchó un tremendo ruido que vino del exterior. Por el sonido semejaba un choque impresionante. Algunos que se aventuraron a salir y ver lo ocurrido, volvieron con cara de espanto. Habían colisionado dos camiones con un auto patrulla. El choque además, tiró abajo un semáforo y una línea de cableado no sabían de qué.

Mientras contaban lo visto, hubo un apagón completo en toda la Iglesia. No se veía nada de nada. El sacerdote achispado dijo que los casaba ya mismo o si no, nunca más. No recuerdo si les conté que esa Iglesia tenía muy mala fama, todos aquellos (pobres corderitos que osaban casarse en ella, terminaban muy mal), algún día les contaré con lujo de detalles, ahora no tengo tiempo. Los novios accedieron a que fuera de inmediato, y así aconteció. Los casaron a la luz de una velita, con el pobre hombre equivocando sus nombres a cada rato, y ellos corrigiéndolo al instante, en fin, una locura.

Llegó la policía diciendo que debido al accidente, había que desalojar de inmediato la Iglesia. Todos, los invitados, la pareja recién casada, y hasta el sacerdote y sus ayudantes, salieron poco menos que corriendo.

Menos mal que la novia tenía sus zapatillas, por lo que les ganó a todos (incluyendo a su novio), por varias cuadras, camino al salón donde se iba a festejar la boda. Llegó que daba pena, con el cabello mojado y el vestido de novia chorreando agua, ya que se había desatado una tormenta impresionante.

El salón elegido tenía la fama de ser de mal agüero, el noventa y ocho por ciento de las parejas que festejaban su casamiento en él, se divorciaban al poco tiempo, era una cábala fija.

Pero a ellos no les importó, estaban más allá de esas menudencias.

La fiesta estuvo muy alegre y hermosa, hasta que comenzaron todos a caer intoxicados. ¿Recuerdan la cena de la pariente lejana de la Sra. D?

Bueno, era el mismo empresario de catering, quien la organizó. Saquen sus conclusiones. La dinámica Sra. D, en aras de hacer la mejor fiesta de casamiento, al enterarse del suceso que tuvo la cena de su parienta lejana, no quiso ser menos. Total los enfermos se curan la mayoría de las veces, pero el estar en la boca de todos y tener publicidad gratis, eso es francamente inolvidable, y era precisamente lo que ella quería tener y brindar por eso, algo inolvidable.

Pero no nos adelantemos tanto, la música estuvo espectacular, con un DJ amigo del novio que la manejó sabiamente – no podía salir todo mal - hasta que cayó él también, víctima de la intoxicación.

La novia bailó sin dar tregua al novio, hasta que un incidente sin importancia como fue que la mitad del vestido se le desprendió, puso fin a sus piruetas. Terminó la fiesta con un ochenta y cinco por ciento de la gente descompuesta, y la cinta adhesiva del ruedo de su vestido, rodando por el piso, ya oscurecida.

Era tarde, ¡ya mismo debían partir para la ansiada luna de miel!

*****

LUNA DE MIEL

La recién casada tenía su propio plan bien armado para su luna de miel.

En principio odiaba todo lo convencional, por lo tanto eligió lugares tales como Chernobil en Ucrania, y Yakutsk en Rusia, para mostrar cuánto amaba a su flamante esposo con todo su amor y todo su ardor.

De Chernobil no diremos nada, porque simplemente ya no hay nada. Inhabitable y abandonado como hace años, lleno de edificios desiertos y ríos y lagos envenenados. Fueron a dar una vuelta y como no se podía hacer nada, salvo llenarse de radioactividad, se dirigieron a Yakutsk, que ostenta el título de ser la ciudad más fría de todo el Planeta, con 50 grados centígrados o menos, bajo cero. Los médicos del hotel tuvieron que atender al matrimonio porque ambos presentaban claros síntomas de hipotermia; pero qué placer, ¡estar en un lugar donde a nadie se le ocurre siquiera ir! La Sra. D hubiese estado en la gloria, de haberse sentido bien.

Una vez repuestos, volaron raudamente a Suecia, al Círculo Polar Ártico, donde se encuentra el Hotel de Hielo. Total ya estaban medio congelados. Lo único que no les gustó fue que el baño quedaba fuera y lejos del hotel, en una especie de remolque.

Hasta ese momento, la novia permanecía virgen (o casi). El marido aducía no estar inspirado estando así de helado, y la verdad que razón no le faltaba. Al frustrarse de esa manera los planes de la luna de miel, a ella se le ocurrió darle un giro, un verdadero toque romántico e ir a la cuna del amor, ¡a París!

Se hospedaron en un hotelito a la orilla del Sena, un lugar aparentemente encantador, especial para una joven pareja como ellos. Sin embargo la estadía no fue todo lo maravillosa que cabía esperar. El hotel francamente era una verdadera ruina, con todo cayéndose a pedazos, el yeso del techo se desmoronaba sobre ellos y el papel de las paredes se desprendía, exhibiendo en su lugar una muestra sicodélica de manchas de humedad por todas partes. El piso tenía la madera podrida y ante el paso de ellos, las cosas apoyadas en la cómoda, también se caían estrepitosamente. El baño desde ya sin bidet (¿qué es eso?) no tenía ni toallero, ni toallas, ni papel higiénico, y no hablemos de la limpieza...Ante todos esos percances, la mujer se reía a carcajadas, shhh...créanme, (a veces dudo de su condición mental, pero esto es sólo entre ustedes y yo).

Se le ocurrió a ella, hacer un Tour por las Alcantarillas de todo París, Tour que el sacrificado marido aceptó. Recorrieron más de quinientos metros de líneas de alcantarillado, admirando las herramientas del equipo de trabajadores. En realidad el sistema tiene mil trescientos kilómetros de largo y es capaz de mantener los residuos de más de dos millones de franceses. Les aseguro que resulta un aroma inolvidable, imposible de disimular ni con todos los perfumes del mundo.

Luego de ese Tour no pudieron cenar, se les había quitado el apetito misteriosamente. Al llegar a la habitación, observaron cómo un ratoncillo comía bocado a bocado, un pedazo de alfombra. En fin, una delicia. Estando tan entretenidos, hubo un corte general de luz a las diez de la noche. No se veía nada, para colmo era una noche casi sin luna. Como nuestra protagonista era la que llevaba la voz campante y lo notó a su cónyuge algo cansado y semi inconsciente, decidió ir a Conserjería para buscar velas o algo para iluminar. Se envolvió en un chal de lana muy suave que puso sobre su camisón de seda ya que hacía algo de frío. Bajó las escaleras tanteando la balaustrada de madera como pudo. De pronto tocó algo de carne, sí, indudablemente era algo con carne ya que se quejó con voz de hombre. Asustada, corrió por las escaleras no sabiendo ya si subía o bajaba, hasta que dio con la puerta, entró y llegó a los brazos cariñosos de su marido. A esas alturas ya no les importó si hacía frío o no, si había uno o cien ratones mirando, nada de nada.

Al día siguiente con la claridad del amanecer, la Sra. D supo que se había equivocado de habitación y el hombre con el que retozó gran parte de la noche no era su casi flamante esposo, ¡¡¡horror de horrores!!! Despacito, se bajó de la cama y se fue muy silenciosa y lentamente a refugiarse esta vez sí, en los brazos de su marido legal. Éste dormía plácidamente con el sueño de los inocentes, entonces, así de silenciosa y suave, se acomodó junto a él.

Al despertar vigorizados -al menos ella- decidieron visitar Birmania, precisamente la Isla Ramree. Cuando llegaron, se dedicaron a chapotear sólo un minuto y medio, en lo que parecía ser un lago con barro terapéutico, pero que en realidad demostró bien pronto, ser un pantano habitado por cientos de cocodrilos, escorpiones y mosquitos portadores de malaria. Salieron de allí como alma que lleva el diablo, para ir a parar sin escalas a Inglaterra, donde lo único interesante para ver según la valiosa opinión de la Sra. D, fueron los Jardines venenosos de Alnwick. Llenaron sus equipajes con plantas venenosas que desde ya, fueron decomisadas prestamente.

Pero si los paseos y lugares para vacacionar no fueron tan buenos, les aseguro que algunos restaurantes y comidas que ingirieron, estuvieron a la par. Habían decidido dar rienda suelta al menos a uno de los pecados capitales, ya que otros placeres les estaban vedados. El pobre hombre seguía semi congelado y un tanto catatónico. Tal parece que no se recuperó jamás de tanto disfrute, salvo cuando se trataba de comer.

Les comentaré algunos detalles del festival comestible que los dos disfrutaron como cerditos, manducando, engulliendo, tragando, devorando y embuchando todo lo que les presentaron. Lo que acá decidí contarles confidencialmente, es verídico por más extraño que parezca: Fueron al Modern Toilet Restaurant, donde las paredes estaban cubiertas de mayólica para representar mejor la placentera estancia en un baño, y tuvieron que sentarse sobre un inodoro.

Los platos eran pequeñas bañeras o inodoros. Les aseguro que quedaron encantados, comieron hasta hartarse, las famosas Hormigas Culonas, sí señores, unas hormigas suculentas y desde ya, bien culonas. Tomaron una Cerveza hecha de Pizza, y como punto final, se deleitaron con un Vodka de Tocino. De postre se limitaron a tomar, él, un helado denominado Sex Pistol, con ingredientes que emulan un Viagra natural, ¡a ver si se ponía en condiciones por favor! Ella, muy medida, sólo probó un Mash Cone, deliciosa crema helada a base de salchichas, arvejas, puré de papas y caldo.

Al día siguiente en plan ahora de Turismo gastronómico puro, ya que se encontraban en la Capital de la Gastronomía por antonomasia, se dirigieron a un restaurante que funcionaba en una antigua cárcel. Lo malo es que los meseros, sumiller y chef, eran ladrones y asesinos en proceso de rehabilitación, con cuchillos de cocinero afiladísimos, mirándolos con rabia, pero qué importa, todo sea por la novedad ¿verdad?

Allí pidieron un camellito relleno de rechupete, a propósito, ¿conocen la receta?, es un platillo delicado que cae liviano como pluma...El camello se rellena con un cordero entero, rellenado a su vez con veinte gallinas, que a su vez están rellenas con docenas de huevos y kilos de arroz.

Les aseguro que se quedaron con hambre, ¡pero qué se le va a hacer! Todo termina en la vida, y la estupenda luna de miel también finalizó. Volvieron a su casa, tristes y cabizbajos. Si les preguntamos qué fue lo mejor del viaje, el marido no sabría qué decir, estoy segura.

*****

LOLA Y LOS TAXIS

Llamó pacientemente a varias empresas de taxis, necesitaba ir al centro y a esa hora no era sencillo conseguir un taxi. Al fin, la atendieron en una de ellas, donde le informaron que en cinco minutos pasaría un taxi a buscarla.

Al abrirse la puerta del ascensor por donde bajaba, echó un vistazo rápido a la calle y alcanzó a ver una viejita que se introducía en "su" taxi.

De cuatro zancadas, atravesó los treinta metros del hall de entrada llegando a la calle. Como el vehículo ya se estaba yendo, lo corrió, golpeando la chapa con la mano para pararlo. Le dijo airada al chofer que ella lo había llamado, no la mujer que estaba atrás con gesto de susto. Abrió entonces la puerta trasera para que saliera esa viejecita que la miraba con ojos aterrorizados - se encontraba ubicada en el extremo opuesto, lo más lejos posible de la puerta - sostenida amablemente por Lola.

Pero no salía, le había agarrado un pequeño shock o algo similar ya que temblaba como un flan, aterrada ante esa mujer enloquecida que la quería echar. Finalmente lo consiguió y la pobre, aferrando su carterita salió huyendo despavorida. En ese momento Lola – aclaro que se trata de otra de las sobrinas de la Señora D - entró al taxi sintiéndose triunfante y feliz. Sabía que tenía que defenderse de todos los malvivientes como esa viejita.

El día anterior pasó un episodio similar, donde consiguió sacar a una madre con su hijo de otro taxi llamado por ella. Realmente la gente no tenía vergüenza. Esa viejecilla debía ser de la peor ralea, y se daba aires de inocente, ¡habrase visto!

Se arrellanó en el asiento indicando al chofer la dirección donde iba. El hombre durante todo el tiempo que duró el operativo: "sacar a la pícara que ocupó mi lugar y entrar yo", estuvo hablando. Pero ella ni lo oía, ya que no se le entendía casi nada.

En un momento dado, le pareció escuchar que nadie lo había llamado pero no le dio la menor importancia. Más tarde, casi al llegar a destino, se fijó en el nombre de la empresa y número y nombre del taxista, y pareció hundirse en el asiento como queriendo desaparecer; ¡esa no era la empresa que había llamado!

Le había arrancado el taxi a una pobre y sufrida mujer, madre de familia con seguridad, esposa ejemplar y encima con cara de santa. Pero... ¿de qué material estaba hecha?, ¿cómo osaría volver a mirarse al espejo?, ¡horror de los horrores!

Recién en ese momento, fue que prestó toda su atención a la cháchara del hombre que seguía protestando por enésima vez, pero como ya había llegado, le pagó y bajó. Claro que roja como tomate por la vergüenza.

El episodio le hizo recordar la vez que consiguió un taxi en Nueva York durante la semana de Navidad hacia dos buenos años.

Salía de ver un espectáculo musical en Broadway junto a toda una marea humana, cuando se toparon con una impresionante tormenta de nieve. Caminó unos pocos pasos, y al dar vuelta la cabeza se encontró sola por completo. Estaba en pleno Time Square, pero ¿dónde estaba la gente? Resultaba casi imposible que desaparecieran todos al mismo tiempo. Sin embargo, era un hecho.

Estaba hundiéndose más y más en la nieve y no había taxis, ni ómnibus, nadie, ni nada. Resultaba un espectáculo inusual para ella, tenía ante su vista un inmenso paisaje blanco, desolado, iluminado por inmensos carteles de neón multicolores, que prestaban a la escena un toque mágico, de fantasía surreal.

A lo lejos divisó un taxi entre la nieve que arreciaba con más fuerza que nunca, pero aparecieron de la nada dos mujeres antes que ella, y lo tomaron. Lola corrió entonces, y como el coche avanzaba despacio, se dio el gusto de protestar ante la cara impasible del chofer.

Al ver la inutilidad de su queja, preguntó de muy buen talante a las pasajeras, si tenían a bien acercarla hasta su hotel distante unas treinta cuadras. Desde luego que se haría cargo del costo. Muy sonrientes, ambas dijeron que no, y el taxi siguió su camino como pudo. Ella simplemente no atinaba a creer tamaña falta de humanidad.

En eso apareció una especie de tanque para barrer la nieve acumulada. Lola sentía los dedos entumecidos pese a los guantes de piel, le dolían las orejas y estaba a punto de tocárselas, cuando el hombre de la barredora al advertir su ademán, le gritó que tuviera cuidado, ya que seguramente se habían congelado y se cortarían ante cualquier toque imprudente. Supo entonces que realmente se estaba congelando y se abstuvo de hacerlo.

La barredora gigante estaba a punto de dar la vuelta en la bocacalle, cuando la muchacha se decidió a saltar y agarrada de la puerta, le imploró al hombre que la llevara a su hotel. Él entonces, condolido, le explicó que eso era prácticamente imposible, debía palear toda la nieve en cinco cuadras a la redonda y podían despedirlo si dejaba de hacerlo. Por lo tanto, bastante desanimada, se bajó...

De pronto vio que venía un taxi libre ¡al fin! Feliz de la vida, lo tomó y cuando iba a arrancar, quedó varado en medio de la nieve. Por más que intentó salir resultó imposible, fue peor incluso, mientras más trataba, más se enterraba. Era un joven inexperto, y el auto no tenía cadenas para andar en ese terreno. Igual se quedó dentro como media hora para descongelarse un poco y al comprender que saldría como mucho en horas o al día siguiente, decidió emprender la marcha.

De modo que caminó las treinta cuadras como pudo, en medio de la tormenta. Casi no podía ver por las ráfagas de viento y nieve, apenas caminaba cuidando de no resbalar, no preguntemos siquiera cómo lo hizo, pero llegó convertida en un cubo de hielo humano. Le dolían terriblemente los dedos de los pies y de las manos, las orejas, la cara, todo lo que se había congelado porque la sangre no podía fluir, de ahí su dolor. Al llegar a su habitación no podía creer en su suerte. Llenó la bañera con agua bien caliente y se tiró en ella, más tarde tomó un té bien caliente con limón, e increíblemente contra sus pronósticos más pesimistas, ni siquiera se resfrió.

Luego de tamaña aventura, resulta lógico que quedara algo traumada respecto a los taxis.

Al día siguiente 24 de Diciembre, caminó de arriba abajo por la 5ª. Avenida, durante horas. Le apasionaba ver a las personas correr apresuradas comprando cosas y más cosas para las fiestas. Se encontró bien lejos del hotel y sentía demasiada fatiga, por lo que decidió retornar.

Pero fue una empresa casi imposible de lograr, todos los taxis se encontraban ocupados, corrían y corrían, siempre repletos de pasajeros con paquetes. Se iba preocupando a medida que pasaba el tiempo, cuando de repente justo a su lado paró un taxi y descendió del mismo un pasajero. Ágilmente lo tomó, cerrando la puerta y sintiéndose victoriosa.

El chofer entonces, se dio vuelta para mirarla y le dijo que ya no tomaba más gente, quería irse a su casa. ¡Le estaba pidiendo que se baje! Pero eso era imposible, lo había tomado y se quedaría en él, costara lo que costase. No podía echarla, ¿dónde se vio algo así?

Le pidió entonces cortésmente que por favor la llevara. El hombre se negó y siguió pidiendo que se baje. Que sí, que no, así transcurrieron fácilmente cinco minutos. Mientras, el auto iba despacio, pero rodaba por la avenida, acercándose lenta y milagrosamente al destino. En eso, al chofer se le ocurrió decirle que estaba descompuesto y debía ir al baño desesperadamente, (cualquier cosa con tal de deshacerse de la molesta y empecinada mujer) Ella le contestó que eso no importaba, que bajase, cuidaría del auto hasta su retorno.

Así las cosas, cuando advirtió que el hombre al parecer se estaba descomponiendo de verdad, primero se puso rojo como camarón, luego muy pálido y exangüe, y total ya el coche estaba bastante cerca del hotel, por lo que Lola decidió que bien podía caminar las cuadras que faltaban y se bajó, con gran alivio del taxista.

¿Cómo pretender de ella entonces, luego de tantos traumas, un proceder más amable?

*****

TORTA DE CUMPLEAÑOS

Desperezándose en la cama, la Sra. D se despertó feliz. Media dormida aún, recordó el día anterior, cuando fue a darse un masaje especial con chocolate derretido, ¿escucharon hablar de ello? Pasa que ella es una hedonista absoluta y su sobrina favorita le había comentado de esos masajes. Con los ojos cerrados, le pareció volver a sentir la experiencia del día anterior, cuando tumbada boca abajo sobre una camilla con un plástico, le iban vertiendo chocolate calentito en todo su cuerpo y masajeándolo por detrás, en su espalda y piernas, para luego proseguir por delante, incluyendo el rostro. Una vez toda "chocolateada" la retaron suavemente ya que se había comido todo lo que la cubría de adelante, y procedieron a volcarle nuevamente chocolate, luego la envolvieron en un plástico y toallones, para hacerle un peeling y masaje facial. Era delicioso estar envuelta en tanto chocolate pensó en ese momento ella. Después la llevaron con cuidado a darse una ducha y la guiaron hasta un jacuzzi, mientras la invitaban con un rico batido ¿de qué? de chocolate por supuesto.

La secaron cuidadosamente, se tocó la piel y estaba hecha una seda. La cara limpia, suave y fragante. Pero se despertó feliz no sólo por el recuerdo, sino porque ése día cumplía años esa sobrina favorita, la Lola precisamente, quien le recomendó esos masajes. Claro que lo que la atrajo más que nada, fue cuando le dijo que se lo iban a dar unos señores mulatones que estaban de rechupete, aunque al final no llegaron. La atendió una señora como ella, nomás. Lolita es bien parecida en su manera de ser a su tía, pero de una manera más prudente, quizás porque aún no tiene los años de su famosa tía, vaya a saber, pero que los genes D están en ella, con toda seguridad.

Decidió hacerle una hermosa torta de cumpleaños, se lo merecía no sólo por ser su cumpleaños, sino porque siempre la estaba cuidando, y recomendando cosas como el masajito con chocolate (lástima los mulatones que no aparecieron, bué). Al principio pensó que debía ser una torta importante, tener varios pisos, como las de casamiento, mas luego optó por una más normal, ya que jamás había cocinado una torta. Masitas, algún flan, pero nunca torta. No recordaba si habían tenido éxito sus experimentos culinarios, al menos creía que nadie se había quejado - o mejor dicho, nadie vivió para contarlo.

Sabía que necesitaba harina, eso es fundamental en cualquier torta que se precie de serlo. También manteca, huevos y azúcar. ¿Acaso ustedes creían que ella no era capaz de hacerla?, qué poca confianza.

Hacía años, había visto cocinar una por televisión, y con su memoria eidética, quedaba registrada para siempre en sus archivos mentales. Todo lo visto y escuchado se grababa y filmaba, si incluso había trabajado como detective, ¿se necesita más? Eso se decía a sí misma la inefable mujer, mientras recorría los estantes de su cocina en busca de los elementos necesarios. Pero ¿dónde había puesto ella los huevos?, ¿y la harina?, en fin, en esos días quizás la fulana ésa, la eidética, se había tomado unas lindas vacaciones.

Mal que mal, consiguió los ingredientes, sobraban algunos y faltaban otros, pero qué tanto, tampoco estaba en Top Chef o alguno de esos programas. Encontró lo que buscaba, una vieja receta escrita en portugués, que trató de traducir.

Se armó un verdadero lío en su linda cabecita al tratar de entender lo que decía, sobre todo algunos términos tales como pacote de bolacha, fermento em pó, ¿y por qué quería la mujer que inventó la receta, ponerle la nata de la leche, si eso era un asquete? ajjj...

Probó luego con una receta griega, pero desistió al probar el Ouzo, uhhh... ese licor tan fuerte no era para una torta, vamos. Claro está que le sirvió para olvidar hasta el último resabio de timidez ante su tremenda falta de experiencia, o resultados fallidos de cocina, tales como:

El desastre de los tallarines incendiados, aguarden a verlos, que ya aparecerá la foto...

¡O lo que le sucedió cuando manejó la olla a presión!

Quedó para siempre en el techo como un motivo más de decoración.

Bien, ella triunfaría sobre todas las ideas preconcebidas que la designaban como un real desastre en la cocina.

Batió unos huevos que encontró por ahí (a uno por poco le estaba naciendo un pollito), ni lerda ni perezosa, aprovechó las claras para hacerse mientras, una máscara de belleza, luego mezcló las yemas con algo de azúcar que raspó de una azucarera, ya que ella tomaba todo con edulcorante, encontró en un rincón un paquete entero de harina que echó de golpe, ¿y qué más hacía falta? hmmm... ah sí, esencia de vainilla, dos cucharas de sopa. Miró el seco revoltijo y se dio cuenta que le faltaba algo. Hizo memoria, se devanó la sesera, estuvo a punto de llamar a algún cocinero cinco tenedores, hasta que finalmente lo recordó, era manteca. Como no tenía, batió un poco de leche durante una hora y cincuenta y seis minutos, al cabo de los cuales, seguía casi líquida. La tiró encima y listo. Tampoco era cuestión de hacerse mala sangre. En la televisión, los veía a todos contentos mientras cocinaban, tomando copas y copas de vino tinto. ¡Pero era eso era lo que le faltaba, un buen vaso de vino tinto! Ahora sabía por qué no le terminaba de salir la torta como corresponde. Menos mal que tenía siempre de reserva una damajuana de diez litros, por cualquier eventualidad.

Contentísima ante la solución de todos sus pesares culinarios, echó la mezcolanza en un molde chico y esperó y esperó como diez minutos. Cansada de esperar, abrió la puerta del horno y se dio cuenta que tenía que encenderlo antes. Luego sí, a la media hora de estar en el horno a fuego máximo, sacó la torta con olor a quemado, que se hundió de inmediato en el medio, formando un agujero. Creativa como nadie, se le ocurrió llenarlo con alguna cosa. Estuvo buscando en la heladera y en la despensa lo que fuera con tal de tapar el hueco. Encontró de todo, una pizza muy dura de vaya a saber qué año, paquetes de fideos, de arroz, sopas instantáneas, hasta que finalmente ubicó una lata de duraznos. Feliz, con la lata en la mano, la abrió para volcar su contenido en la torta. ¿Acaso se les cruzó por la cabecita a ustedes, que iba a ponerla sin abrir?, no señores míos, ella era una mujer muy responsable y consciente, ¡ejem!

Claro que cuando fue a darla vuelta para quitar toda la parte quemada de abajo, se le chorreó el almíbar con los duraznos encima, pero no existe en el mundo nada perfecto, ¿verdad?

Ella comenzó a cantar muy feliz una canción italiana que le encantaba, aunque apenas podía abrir la boca en ese momento, mientras tomaba de a sorbitos, copa tras copa del vinillo. En un momento le pareció ver por la ventana que asomaba su cabeza un mono, se dijo que esta vez le había pegado fuerte el tinto, que no podía ser, mientras se seguía sirviendo de a cuenta gotas. Cuando se tocó la cara, la notó dura como un mármol, las claras habían hecho su efecto sin duda, de allí que abría a duras penas su linda boquita.

Se estaba enjuagando el rostro cuando escuchó un ¡BAM! seguido de varios ¡¡¡BOOMS!!! Pensó que se había desatado la tercera o cuarta guerra mundial, pero comprobó poco después, que el bombardeo surgió de su propio horno, cuando recalentado al máximo (había olvidado apagarlo), explotó, desprendiéndose gran parte del hierro y cayendo estrepitosamente.

Había quedado inutilizado para siempre.

Se encogió de hombros, total nunca lo usaba. De pronto vio una araña pollito que asustada por el ruido, salió de donde fuese que se encontraba paseando, mostrándose la muy sinvergüenza, muy oronda frente a las mismas narices de la Sra. D, ahhh, eso sí que no lo podía permitir, agarró entonces un frasco de vidrio, lo puso boca abajo y ¡zácate!, agarró a la araña que quedó atrapada en su prisión transparente. Y en eso, ¡vuelta a asomarse el mono travieso! Pero esto parecía un zoológico, no podía ser. Tal brillante idea, le dio el impulso para llamar realmente al zoológico y pedir que se los llevaran. Lucrecia, (ya había bautizado a la dulce mascota), la miraba ominosamente a través del vidrio mientras movía amenazante, sus patas peludas.

Tocaron el timbre dos veces. Corrió hacia la puerta, al mismo tiempo que el mono lograba entrar a la cocina por un hueco de la ventana entreabierta. Era la vecina de la planta baja, veterinaria para mayor referencia, avisando a todos los departamentos que se le había escapado un mono con el trasero rojo y pelado. En cuanto lo vio dando cabriolas por la cocina y colgándose de un trapo como si fuera una liana, lo quiso agarrar, pero mi estimada amiga aclarándose la garganta, la frenó en seco:

-A ver, espere un poquito, veré si realmente tiene las señas que usted declara. Se puso los lentes muy seria, lo miró de atrás detenidamente, mientras el mono le hacía mil monerías como es lógico, y dio el visto bueno a la vecina, afirmando que ése era el mono y ése su trasero rojo y pelado evidentemente. Se lo entregó con pesar, hubiera preferido tenerlo consigo para siempre, era de simpático... Y le entregó también a Lucrecia que la seguía mirando con rabia, aunque sin el frasco.

La otra persona que esperaba pacientemente a ser atendida, era un muchacho que cargaba unas valijas pesadas. Cuando se fue la vecina, con el mono y Lucrecia encima de su cabeza como un original sombrero, hizo pasar al muchacho y sus valijas.

El joven la invitó a sentar y ponerse cómoda, dijo que le iba a mostrar una nueva batería de cocina que la iba a dejar asombrada.

Lo que dijo, la forma de mostrar unas simples cacerolas a juicio de la señora D, cierto nerviosismo y timidez, la hicieron ver que probablemente, era la primera vez que el muchacho hacía una demostración. Y ella, que tenía sus años con la consiguiente experiencia, quiso ayudarlo. Por lo tanto, se levantó, lo hizo sentar, y le habló como si fuese un futuro comprador. Sacó toda la batería de cocina que constaba de ochocientas veintidós piezas, y una por una le mostró la calidad y uso de las mismas. Habló como si en verdad lo creyera, mostrándolas al sol para lucirlas a pleno, tanto dijo y de tal manera, que quien las había traído comenzó a devanarse los sesos pensando cómo pagar toda esa maravilla. Finalmente por más que el muchacho insistió, la mujer no quiso aceptar su reloj y anillo como anticipo, y lo despidió amablemente con todas sus valijas.

Al encontrarse de nuevo sola en su cocina, sin monos, arañas, ni vendedores puerta a puerta, volvió a su torta sabiendo que debía decorarla de alguna manera, mientras tanto mascullaba: Onehunga, Wangamomona y Nauru en Maorí por si alguna vez visitaba Nueva Zelanda. Como se darán cuenta, siempre estaba a la pesca de nuevos conocimientos, lo cual me parece admirable.

Revolvió toda la casa en busca de algún detalle para decorar su torta, hasta que encontró algo ideal, original y práctico. No estaba ella para agarrar una manga de decoración y hacer firuletes con cremas y cosas raras, no señor. De manera que encima de la torta, puso su jaula con los dos canarios que tenía, y listo.

Era una torta musical, ¡pavada de torta la que había creado! La miró con inmenso orgullo, mientras ya planeaba ofrecer sus servicios como pastelera en el próximo casamiento del Maharajá de Kapurthala.

*****

AVENTURAS EN TRANSILVANIA

La Sra. D, creía en vampiros, ¡oh, sí! ella creía a rajatabla en vampiros, fantasmas, y en todo aquello que podría considerarse paranormal.

Decidida a comportarse de manera algo más madura y responsable dejando atrás un pasado de locuras varias, se preparó una valijita especial para dedicarse a matar vampiros. Dicha valija la dispuso y acondicionó, de acuerdo a lo que vio en un programa de humor en la TV. Claro que no lo tomó así, sino muy seriamente y viajó a Transilvania dispuesta a terminar de una vez por todas con esos bicharracos que vivían a costa de la sangre inocente, ¡faltaba más!

Atravesó Yugoslavia y al llegar a la Posada: "Transfusiones Quick", fue derechito a su habitación: 0+ a dejar su equipaje. Allí, sobre la cama con sábanas de raso (o nylon, bah) negras, depositó la valijita especial para revisarla y ver si le faltaba algún elemento. Al abrirla, sonó como un chirrido de esas puertas pesadas, viejas y llenas de humedad de los castillos, pero no hizo caso. Miró para saber si tenía todo lo necesario a saber: Un Crucifijo de plata (indispensable), una estaca de plata bien afilada (más que indispensable), – un martillo (para clavar a fondo la estaca (por supuesto, súper indispensable), –

media docena de ristras de ajo (¿y qué les parece? ¡¡¡indispensables!!!), – un kilo de sal gruesa (se decía que a la vista de alguno de esos seres abominables, debía tirarse la sal frente al mismo, y éste se entretendría contando grano por grano dando tiempo a preparar todo para poder matarlo a gusto) (ultra indispensable ¡por supuesto!). Por las dudas, también llevaba una vieja pistola con tres balas de plata (decían que otro metal no les hacía nada, salvo cosquillitas).

Una vez revisadas todas las piezas, se sintió inmensamente satisfecha, y poniéndose su camisón largo de franela rosa con ositos estampados, se acostó sin haber reparado que los ojos en el retrato de una dama que decoraba la habitación, la seguían paso a paso...

Mientras la Sra. D dormía como un bebé el sueño de los inocentes, soñando que estaba en un Parque de Diversiones, girando en la Vuelta al Mundo, y saboreando un copo de algodón azucarado con felicidad, fuera, soplaba un viento huracanado arrastrando apenas la pesada niebla que se resistía a abandonar las tumbas del cementerio ubicado frente a la Posada.

Al día siguiente, nuestra buena señora, luego del desayuno consistente en tres morcillas bajadas con una gran jarra de Sangría (vino tinto, limón y azúcar), se dispuso a caminar por el pueblo y a aniquilar a todo Draculín sospechoso, claro descendiente del otrora famoso Draculón. Digamos la verdad, hasta ahora, la inefable mujer se ha comportado de manera impecable, nada podemos decir, en todo caso merece que le cantemos un himno de alabanzas ante la tarea heroica que se propone hacer, incluso con gran riesgo de su vida.

Lleva todos los objetos necesarios para el ritual del sacrificio en una mochila, y baja alegremente hacia la calle principal, donde divisa ya algunos negocios y tiendas. Tararea una cancioncilla, levemente entonada por el litro y medio de Sangría que se mandó al buche y está feliz de la vida pese a unos negros nubarrones que ocultan por completo el sol.

En eso, alcanza a ver a un joven extremadamente pálido, con los ojos y dientes como tintos en sangre y unas grietas en la piel, alguien de lo más extraño que pone la piel de gallina y acelera el corazón a toda máquina. De inmediato, como corresponde al deber con el que se comprometió, agarra su mochila para colgarse la media docena de ristras de ajo, dispuesta ya a ultimarlo, cuando ve salir de un local varios muchachos y chicas con las mismas características del sospechoso. Finalmente la Sra.

D, se encuentra en medio de más de un centenar de jóvenes intensamente pálidos, cadavéricos, desencajados y ojerosos, con los ojos y dientes sangrantes, ¡un horror! Se pregunta, cómo es eso posible, ¿acaso todo el pueblo es descendiente de Drácula?, pero ¿qué hacer?, no puede ir matando por ahí a todos desde luego.

Alcanza a sentarse tambaleante frente a una mesa en la vereda de un bar, y al verla, se acerca un mozo de apariencia por completo normal. La mujer lanza un gran suspiro de alivio al verlo y ante las preguntas de ella - en tren de confidencias - el mozo muy entendido en el tema, le explica:

- A finales de la Edad Media comenta, hubo muchos cruces entre nobles de Europa Oriental - incluso entre parientes cercanos – que originaron varios problemas genéticos, entre ellos una enfermedad que en estos momentos no recuerdo su nombre, pero que hace que se produzca mucha porfirlila, que es una substancia de los glóbulos rojos.

- ¡No me diga! exclama, la mar de sorprendida.

- Sí, además, muchos de los supuestos vampiros han sido y siguen siendo víctimas de esa enfermedad y las grietas que ve en la piel, si se exponen al sol, sangran, por lo cual siempre suelen salir de noche o en días muy nublados como hoy.

- ¡Con razón! asiente la mujer, escuchándolo con suma atención.

- Claro, los médicos de la época únicamente podían tratar la enfermedad encerrando a los pacientes durante el día y animándoles a que bebiesen sangre para compensar la que perdían.

Los rumores sobre estos bebedores nocturnos de sangre han ayudado seguramente a que se difundieran las historias de vampiros por todo el país.

Ante eso, la pobre le agradece fervorosamente, mientras se agarra la cabeza sin saber qué hacer, jamás hubiese imaginado tales circunstancias, ¿para eso voló atravesando medio Planeta? Pide mientras un cafecito, entretanto intenta aclarar sus ideas.

Luego de beberlo, toma impulso y se levanta de la silla llena de alegría, ya no es necesario matar a nadie, su tarea ha concluido en realidad. Podrá retornar al día siguiente a su casita y tejer calceta, ¡al fin!

Dentro del bar, el mozo es felicitado por varios de los jóvenes extremadamente pálidos, con grandes muestras de afecto y largos colmillos.

Esta noche probarán la sangre fresquita y seguramente sabrosona de la Sra. D.

*****

UNO DE LOS HIJOS DE LA SRA. D

Esta vez les voy a relatar algunas excentricidades de uno de los hijos de la señora que todos ustedes ya conocen. Se trata del hijo menor, habida cuenta que la mujer tiene hijos de todos los tamaños y colores, le tocó a Agustín salir pelirrojo y lleno de pecas, al estilo del Príncipe Harry. Fue el vivo recuerdo de una noche dulce y pasional en las lejanas tierras de Escocia. Curiosa por ver qué era lo que realmente había debajo de las polleritas, se topó con el futuro padre de la criatura.

En tales momentos ni se le ocurrió pedir un informe completo de sus ancestros y pedigree total. Su embarazo fue maravilloso, suave y normal. En uno de sus paseos, caminaba por esas callecitas de Buenos Aires y tuvo deseos de hacer pipí, por lo que cuando vio un hotel, entró presurosa, preguntó por el baño y allí rompió la bolsa de aguas. Los del hotel alojamiento (que de eso se trataba), la tuvieron que llevar al Sanatorio sin poder creer lo que les estaba sucediendo. La criaturita de Dios, nació bien colorado, y chillón como ninguno.

Desde pequeñito se destacó por sus travesuras, incontables todas e innombrables algunas. Tenía especial obsesión por los pompis femeninos y si logró renombre no fue por sus notas, sino por mordisquear los traseros de sus maestras. Prosiguió creciendo el cachorrito hasta alcanzar su metro noventa y nueve, y calzar un cuarenta y ocho, imagínense para darle de comer al grandulón.

Cuando quiso hacer su vida (léase, hacer travesuras con chicuelas), tuvo a su disposición por esas cosas de la vida, una casa abandonada, semiderruida, ante la cual la casa de los Buendía de Macondo, se llenaría de envidia.

Agustín dio rienda suelta al artista que moraba dentro de él, convirtiéndola en una especie de culto a Warhol repleta hasta el techo de latas, no de sopas Campbell, pero sí de todos los alimentos y bebidas que trasegaba sin parar.

Atlético, gimnasta por naturaleza, podía mandarse al buche cantidad de comestibles sin engordar un gramo.

Capítulo aparte eran las jovencitas atraídas por su encantadora sonrisa y simpatía. Llegaban como abejas a las flores. Cierto día en que calibró quedaban pocas mozas (...) en la Argentina, emigró a Brasil. En semejante país, casi un continente, calculó que miles de muchachas serían su botín tras semejante movida. Es así que estuvo un tiempo allá y cada tanto llevaba a la novia de turno, de vacaciones a la casa de sus padres en Argentina. La Sra. D, solícita con los amores de su hijito adorado, iba y venía con su mono tití en el hombro, animalito muy expresivo, comunicándose ambos mediante chasquidos y según ella, diciéndole al oído, cuáles comidas eran más sabrosas y suculentas para su hijo e invitadas especiales.

Claro que no todas eran blancas palomitas. Para la historia quedará el recuerdo de aquella vez que vino acompañado con una mulata alta y bella. Hasta ahí, todo bien. El caso fue que la mamá de ese "retoño" (mi amiga del alma), se fue enterando de ciertos detalles para el asombro: a la niña en cuestión la retiró de las calles Agustín, paladín de la justicia, dedicado a la defensa por la luz y la moral, (ejem…). Cuando la conoció, drogadicta y prostituta, fue haciéndole ver su triste y degradante papel y con el tiempo, se animó a irse junto a él. Se enamoraron y se los veía a los dos muy felices. Pero aquella luna de miel se fue desgastando cuando la moza durante la estadía, secretamente, quiso proseguir con su trabajo, esta vez de manera internacional. Algo se olió Agustín -quien también había trabajado en la Agencia de Detectives junto a su madre-, y fue siguiéndola con discreción por esas callecitas de Buenos Aires. En ellas comprobó fehacientemente, que la niña tenía toda la intención de hacer feliz a media capital de Argentina. ¡Entonces se armó la de San Quintín! La llevó a la casa, le hizo preparar su maleta, fueron a la Terminal de Autobuses y le compró un boleto de ida para la ciudad de donde era oriunda. De nada valieron las súplicas primero y los gritos más tarde de ella. La vio alejarse en el bus y santas pascuas. Pero la cosa no acabaría ahí. Media hora más tarde, estaba tocando el timbre de la casa. Se había bajado del ómnibus tomando luego un taxi. No hubo ruego que hiciera recapacitar al muchacho. Volvió a llevarla y pagar el boleto por segunda vez. ¡Nuevamente a la media hora la chica tocó el timbre! Esta vez Agustín, esperó un buen rato para asegurarse de que no la dejaban bajar, previa conversación con el chofer y pago de un dinerillo. ¿Pueden creer que se escapó por tercera vez? Ahí ya él se cansó y decidió tratar de convencerla que lo mejor era volver a su patria. Ambos lloraron, ambos se juraron amor, pero en vista de la adicción que tenía ella por su trabajo entre otras cosas, era imposible tener una relación y así se lo hizo saber. Creyó que había entendido y se recostó. De pronto la vio llegar al dormitorio sin poder creer lo que veía. Enloquecida, gritando a todo lo que daba y con el brazo en alto, portando un enorme cuchillo de cocina para amedrentarlo, quiso obligarlo a ceder. Se levantó de un salto, forcejearon y recibió una cortada por suerte superficial, en un brazo. Furioso, la llevó a la Terminal, habló con dos policías que lo acompañaron para explicar al chofer del bus la situación, conminándolo a llevarla hasta terminar el viaje.

Así fue que desapareció al fin.

Se trata sólo de una de mil anécdotas del muchacho que por cierto, era merecedor de semejante mamá.

Que tenía algunas cosas extrañas, convengamos que las tenía. Por ejemplo, caminaba hacia atrás por lo general. Sí, podrá parecer raro, pero era una de sus características.

Con el auto quiso hacer lo mismo, pero no le salió nada bien, si les contara...

Esos días que visitó a su señora madre, se ofreció a realizar algunos pequeños trabajos de reparación; entre ellos cerrar unas pequeñas aberturas que había en un entramado que separaba la casa materna de la de su vecina. Como esas aberturas tenían diferentes medidas, estuvo varios días para recortar al milímetro en gomaespuma, ciento ochenta y cuatro huecos diferentes. Lo hizo y en verdad quedó perfecto. La verdad es que por fuera podría parecer un pequeño demonio con sus pelos rojo fuego, pero era un ángel de corazón.

Nuestra amiga tiene una enorme paciencia, además de amar a sus vástagos al infinito. Sin embargo la visita tenía que culminar y llegar a su fin intempestivamente.

Todo comenzó el día que el muchacho consiguió a través de un correo especial desde Turquía, unas sanguijuelas "embarazadas". Claro que hay un motivo: Agustín había heredado por parte de padre, ser propenso a las várices. Recién ahora su mamá, supo el motivo real por el cual su galán usaba esa pollerita, ¡qué escocés ni escocés! El muchacho tenía en sus piernas gran cantidad de venas inflamadas que a veces le resultaban muy dolorosas. Eso en un hombre joven era una pena. Como amante de todo lo natural, buscó tratamientos "ad hoc". Durante días enteros se enteró de toda la información a su alcance y dio con algo completamente natural, que se usaba desde que el mundo es mundo: Sanguijuelas. Se conoce desde la antigüedad cómo favorece el alivio de ciertos problemas de salud, entre ellos, el tema de las várices ya que no sólo succiona la sangre, sino que a la vez desprende anestésicos y antibióticos, previniendo trombosis, etc... Hasta allí todo bien, pero el caso era encontrarlas, tarea nada sencilla. En Brasil increíblemente no pudo hallarlas, al menos para su comercialización, tampoco en Argentina, por lo que siguió su búsqueda por todo el mundo hasta dar con Turquía. De inmediato pidió varias de todas las especies, medidas y condiciones; solteras, embarazadas, niñitas aún pero no decrépitas, algunos varones, etcétera. Debían durar años. Muchas de ellas son hermafroditas y al tener que dejarlas en un ambiente cálido y húmedo como le fue recomendado, no encontró mejor lugar para ellas que la bañera de su baño. Claro, la tina era ideal para reproducirlas. Es así que la población se incrementó notablemente y sus huevos comenzaron a llenar todos los huecos posibles. Agustín estaba feliz ante la promesa de su inminente curación. Procuró alimento especial para todas, y consiguió una gran cantidad de lombrices, larvas, alevines, crustáceos y renacuajos.

Su mamá mientras tanto, apenas se estaba reponiendo de la vergüenza sufrida hacía sólo dos días atrás, en el casamiento de su hijo mayor, hombre correctísimo, lo contrario del menor obviamente (y de ella misma). Era la quinta vez que se casaba, aún creía el pobre en esas cosas evidentemente. El hermano más chico se quedó alegando tareas ineludibles (dar de comer a las quinientas sanguijuelas y hacer callar con un pito especial al perro molesto del vecino).

La Sra. D se fue vestida paquetísima y emperifollada para la ocasión, con un conjunto de pollera y blusa color malva pálido, repleto de delicados detalles y diminutos bordados que sin embargo pesaban demasiado. La pollera ajustada a la cintura toda elastizada y la chaquetilla haciendo juego. Había mandado a planchar lo que iba a usar y apareció radiante y simpática, conversando más tarde con los novios e invitados. A los pocos minutos de estar en el evento, en medio de la nutrida concurrencia, y manteniendo una animada charla con los padrinos de la boda, ¡se le cayó la pesada pollera al piso! De pronto se encontró mostrando a todos, los calzones -que por suerte llevaba-. ¿Qué se puede decir de tamaño bochorno? Nada, no se puede decir más nada. Salvo que durante toda la noche la pobre mujer se quedó sentadita y sin dar un solo paso. Al irse de la fiesta, se despidió de todos agarrándose la pollera con la mano. Atando cabos, supo que quien le había planchado el conjunto, también lo hizo sobre el elastizado, soltándolo.

Fue así, con tal ánimo, que alcanzó a ver unas especies de lombrices caminando sobre la alfombra de la sala donde estaba descansando. Se levantó como rayo y lanzó un grito. No había nadie en la casa por lo visto. Desesperada fue en busca de su vástago, lo buscó en su habitación, lo buscó en su ba... ¡¿QUÉ?! ¿Qué era eso?, ¿acaso había descendido al mismo infierno de Dante? Estaba todo invadido por criaturas que se arrastraban pegajosas en medio de una selva de reptiles, gusanos, huevos y ranas sin patas, ¡una verdadera locura! Cuando su hijito llegó, ella lo mandó a freír buñuelos junto a todo su núcleo de bicharracos impresentables.

Es así que el muchacho ahora está recorriendo un nuevo continente para sus correrías amorosas, pero ahora sí, con piernas sanas.

*****

LA SEÑORA D ES INVESTIGADA

Ella ignoraba por completo todo lo que se entretejió tras bambalinas, gracias a sus investigaciones casi periodísticas. Tenía la idea de escribir una novella y necesitaba lograr la máxima verosimilitud. Estuvo por meses haciendo un trabajo muy completo gracias a Don Google por supuesto.

El problema aparentemente surgió por el tenor de su novela. Se trataba de crímenes varios, horror y terrorismo. ¿Curioso, verdad? Ella, incapaz de matar un bichito cualquiera, estaba día y noche enrollándose a más no poder, estrujando al máximo la materia gris de su cerebro. ¿Acaso ustedes creían que sólo estaba en el mundo para cometer transgresiones? No señores, también le interesaba el arte en general y la literatura, por lo que decidió incursionar en esos géneros tan diferentes a ella en realidad.

Se empapó durante meses de crímenes terribles, famosos, macabros y pasionales, formas de matar, de suicidarse, historias paranormales y actos de terrorismo varios, entre ellos la fabricación de bombas de todo tipo. Considero que fue en esos momentos cuando alguien dio la voz de alerta. Supongo que el espionaje informático ayudó a ubicar el sitio exacto y la persona que se encontraba en una situación tan comprometida.

Como sea, comenzó a ser investigada sin que nuestra buena mujer llegase a sospecharlo ni por un momento.

Arremetieron contra ella como furiosos pero silenciosos bulldogs, el FBI, la Dirección de investigación criminal e Interpol, la Sijin y la Dijin, en suma, se utilizaron todos los recursos y servicios de inteligencia de cada país donde esta persona estuvo residiendo. Se enteraron que había nacido en Argentina y en determinado momento vivió en México, luego fue a Uruguay y actualmente se encontraba en Chile, en suma, una larga lista de fugas internacionales. Sin mencionar para nada sus viajes, todos demasiado sospechosos e indicativos de una mente de espía de alto vuelo. Incidió de manera absoluta su viaje directo a Cuba donde curó (o casi) a un Fidel Castro medio momificado. ¿Lo recuerdan, verdad? Eran demasiados indicios de que se encontraban ante una feroz Mata Hari rediviva.

El colmo del paroxismo ocurrió cuando se enteraron merced a los buenos servicios de inteligencia, que dicha señora había estado carteándose desde el año 2008 con quien iba a ser electo para la presidencia de los Estados

Unidos, ¡Míster Obama! Supusieron con bastante grado de lógica, que esta peligrosa mujer quería infiltrarse nada menos que en el Gobierno de los Estados Unidos de Norteamérica, para provocar la mayor hecatombe de la que se guarden registros.

Lo que ignoraban todos, es que Don Obama, canchero y simpaticón a ultranza, utilizó Internet para captar el apoyo de miles de simpatizantes, entre ellos la inefable Sra. D y entre ella y dos de sus secretarios personales, establecieron una comunicación tan fluida y afectuosa -incluso con Michelle-, que la señora sentía la mejor buena voluntad hacia el candidato, comprometiéndose a hacer todo lo humanamente posible en pos de su elección. Tal es así, que comenzaron a consultarle -por directiva del mismísimo Obama-, su opinión más sincera respecto a qué cargo debía ocupar tal o cual persona, cuáles Colegios secundarios eran los mejores para premiar eventualmente, su idea de los mejores métodos de siembra y cosecha para la agricultura del país, etcétera, etcétera...

Ya nuestra querida señora vivía virtualmente en la futura Casablanca y se convirtió por obra y gracia de la tecnología (y de sus facultades), en una consejera de absoluta confianza.

Cuando tenían una reunión el futuro Gabinete y Obama, ella estaba siempre presente merced a una pantalla gigante del salón, respondiendo a todas las consultas que le efectuaban. Claro, así, ¿cómo no iba a ganar?

Sin embargo, nada de esto se filtró al FBI ni a ninguna otra agencia de investigación. Por lo que con razón creyeron, se trataba del peligro público número uno el cual era necesario neutralizar o exterminar directamente.

Peor aún; cuando se enteraron que hacía tiempo, esta mujer tan atroz, había estado aconsejando a la mismísima Hillary Clinton -siempre mediante emails-, se agarraron la cabeza. Sencillamente no concebían lo cerca que había estado la patria de caer bajo esta astuta mujer, llena de intrigas y oscuras trampas.

Mientras tanto la Sra. D, lamentando la derrota de Hillary pese a casi tres millones más de votos, seguía desarrollando su novela, ignorando por completo el peligro.

Un día que salió a hacer las compras al supermercado con su bolsa de tela, observó una camioneta blanca muy sospechosa. Había escuchado recientemente que una camioneta similar estaba involucrada con secuestros. Sin dejar de caminar, la miraba sin que se dieran cuenta sus ocupantes, esto es; a través de las vidrieras o vidrios de la mano contraria. Se detenía para ver aparentemente los artículos que exhibían, mientras no perdía un instante lo que sucedía a bordo de la misma. Cuando no tuvo dudas que la seguían, hizo un extra rápido viraje y se perdió en una calle sumamente estrecha repleta de zaguanes y entradas oscuras sin salidas evidentes, pero con una cantidad apreciable de azoteas que fue brincando como cabra salvaje alegremente. En suma, una callejuela ideal para perderse sin ser encontrada jamás.

Feliz y agradecida por su buena suerte, apareció casi una semana más tarde en su casita. En cuanto pisó la puerta se vio cercada por varios destacamentos policiales que aparecieron como de la nada. Había visto su cara en la televisión de dos bares pero como era un tanto conocida, no le dio importancia. Jamás supuso que se había pedido captura nacional e internacional de su persona, eso ni se le cruzó por su cabecita llena de rizos adorables. Abriendo sus ojazos asombrados, preguntó el motivo de aprenderla. Grande fue su sorpresa al enterarse que se la consideraba una de las más comprometidas espías y terroristas del planeta. Tanto le dijeron y tantas aparentes "pruebas" le mostraron, que hasta dudó si era o no verdad.

El caso es que la encerraron en una prisión de máxima seguridad. Allí nuestra buena mujer permaneció sólo dos horas. En cuanto se dispusieron a interrogarla, llegó de improviso una comitiva y al frente de ella el mismísimo Donald Trump.

El hombre estaba furioso contra el FBI, la Interpol y todos los servicios de inteligencia de los Estados Unidos y alrededores. ¿Cómo era posible no reconocer el talento que tenía la señora en cuestiones de Estado? Él la necesitaba más que nadie y ordenó su liberación en el acto, pasando por encima de jueces y de todo aquel responsable de semejante barbaridad.

En cuanto vio la luz del sol y aspiró el aire de libertad, la Sra. D le sonrió a Trump y aprovechando un momento en que él se dio vuelta, desapareció como por arte de magia. Se sabía capaz de explicarle a ese personaje millones de cosas erradas, pero también conocía el carácter intransigente y testarudo que tenía, incapaz de reconocer y mucho menos cambiar el rumbo. Por lo que no tenía caso quedarse en el Gobierno a su lado. Mejor probar con el gordito Kim Jong – un y convencerlo de desnuclearizar el país, ¡qué tanto!

*****

¡CÓMO AMO A LOS LOCOS!

¡Cómo amo a los locos!, los amo a todos, a esos locos lindos que se tiran de cabeza por una causa, los que pegan un salto en el vacío si así lo sienten sin saber qué los espera al aterrizar ¡pero lo pegan!, amo a aquellos que aman apasionadamente y se comprometen, a esos que se olvidan un tanto de sí mismos cuando encuentran alguien más débil y lo ayudan como pueden, los que aman con obras no tan sólo con palabras, los que se entregan verdaderamente, amo a los que inventan mundos y viven con la cabeza en el cielo y los pies en la tierra sin problema alguno, amo a esos que aman la justicia y se juegan por la libertad y sus principios, a los rebeldes que no forman parte del rebaño, ¡a esos sí, precisamente!

Amo a todos los locos íntegros, verdaderos, los inocentes que no falsean, ni utilizan al otro para sus fines. A los que no dañan y son fieles a sí mismos, a los que viven en libertad y la dan a su vez, los que saben disfrutar de la vida a pleno, esos que son más cuerdos que los "cuerdos", a los que son Ciudadanos del Mundo, su patria el Planeta íntegro, su raza la tuya, ¿su religión? la llevan dentro de su corazón siempre, no necesitan iglesias, ni templos ni mezquitas, saben quiénes son. Amo a los que danzan y ríen, a los que aman y sueñan, los que cocinan, son poetas, pintan y cantan, amigos de tu amigo, los que se doblan sin quebrarse, los responsables de sus dichos, aquellos que se enamoran y enamoran y son fieles a sí mismos.

Amo a los creadores, a esos locos que aman sin condiciones, enamorados de la Naturaleza, los que viven de manera sencilla, a los locos libres, artistas, amantes de la paz, los que sólo se comprometen con lo que sienten, porque se guían por su intuición y sentimientos, esos locos que no traicionan, los abnegados, capaces de aceptar todo reto si es por una causa noble y justa, capaces de partir donde sea, amo a los que no juzgan ni sienten ser juzgados, liberadores del pobre, los locos espontáneos y frescos, alegres, tiernos, fuertes, únicos, los que trabajan por un sueño, aquellos locos tiernos pero capaces de transformar el mundo, librepensadores, esos que jamás se cansan de realizar lo que sea si creen en ello.

Y amo como a nadie a esos tan maravillosos, ¡"los locos que inventaron el amor"!

*****

LOS TRABAJOS DE LA SEÑORA D

La carrera de la Señora D como detective, se originó de un modo muy curioso. Esa mañana leyó en uno de los principales diarios de la capital, que la Duquesa Zapalla de Escalopini Bolognesa, ofrecía la sustanciosa suma de E 50.000 de recompensa a quien pudiese devolverle sano y salvo a "Gigante", su blanco Caniche Toy, recientemente desaparecido.

Quiso la buena estrella de la inefable señora, que se detuviese a ver unas vidrieras en una casa de alta costura. Mirarlas y descubrir el paradero de "Gigante" fue todo uno. El diminuto y juguetón Caniche Toy, estaba haciendo la carrera de su vida como modelo, oficiando de "partenaire" junto a las más cotizadas Top Model del país. En ese momento se encontraba justamente, asomando su tibio hociquito en una canasta para picnic que portaba en su brazo de plástico, un maniquí en la vidriera armada como para un día de campo.

Fue sólo cosa de entrar subrepticiamente en el negocio, agarrar al Caniche tapándole la boca, gritarle cuatro frescas a los encargados que la vieron, marchándose indignada de ese tugurio tan fino y devolver "Gigante" a su dueña, para hacerse de un nombre internacional. La Duquesa era ampliamente conocida en el Jet Set, de manera que nuestra protagonista subió casi al estrellato de la noche a la mañana, los diarios y tabloides, la elogiaban, también las revistas de moda, estaba en boca de todos. El asunto le otorgó el puntapié inicial como detective y estratega. Poco importaba a estas alturas saber, que el perrito que se llevó del negocio era otro, para el caso daba igual.

A este memorable episodio, le siguieron otros de no menor valía. Recuerdo cuando en una oportunidad tuvo que quedarse toda la noche en el auto, vigilando a un esposo infiel. Vio salir recién a las siete de la mañana al muy descarado, incidente que grabó con su cámara Sonyando a77, cambiando luego a la Nikonnociste d7000 porque le gustaba más. Cuando mostró esas pruebas a la esposa desconsolada, ¿adivinen qué? si dicen que se equivocó, ¡acertaron! se enteró que la casa que debía vigilar estaba a una cuadra, ¡había errado por tan poquito...! Estuvo vigilando toda la noche y grabando la casa de un matrimonio verdadero, ufa.

A partir de ahí, sus tácticas fueron mejorando, oh sí, ya nadie le iba a tomar el pelo. Aprendió a ser veloz como una flecha, astuta y sagaz como Obelíx el amigo de Astérix, y valiente como Bruce Willis. Todo esto lo consiguió ya que se dio cuenta, que debía asociarse con un detective experto. Le recomendaron a alguien muy conocido, terror del hampa.

Entró al estudio casi en puntas de pie, es que esa oficina imponía respeto, sí señor. De entrada había una sala de recepción, que daba a dos puertas cerradas de roble. La oficina principal al parecer tenía pisos de madera noble, aire acondicionado, un escritorio enorme, y diez celulares arriba del mismo, además de dos teléfonos fijos. Ceniceros varios, bandeja con vasos, hielera, y dos botellas del mejor whisky. En la pared encontró colgada una escopeta y un chaleco anti balas con varias balas al lado. En la pared frente al sillón de cuero aparentemente muy cómodo, dos cabezas de venado. También vio tres computadoras, fax, impresoras, etc. Tuvo tiempo de observar todo, porque la hizo entrar una de las secretarias y el estudio estaba vacío.

De pronto hizo su entrada el "jefe", mediana edad, canoso y flaco, de nariz grande y algo encorvado, vestido con un jean gastado, camisa y chaleco de cazador gris, de denim, con varios bolsillos. Completaba el atuendo con una gorrita. La miró con ese tipo de ojos oscuros y entrecerrados, que han visto demasiadas cosas en la vida. Cuando lo conoció mejor, supo que jamás se sacaba el cigarrillo de la boca, apenas apagaba uno, ya estaba encendido el siguiente. La relación prosperó porque la benemérita mujer, se los conquista a todos, aún, a aquellos bichos duros como su jefe. Con el tiempo se fue enterando que le era infiel a su mujer, que la otra puerta cerrada en la entrada, correspondía al apartamento de su señora madre (un tierno), y que tenía una excelente relación con la policía y el Servicio de Inteligencia del gobierno, (indispensable). Era comunicativo pero serio, y sumamente responsable. A él, le cayó bien la señora, porque se dio cuenta al verle esos ojazos claros y límpidos, que con esa facha, nadie podría sospechar jamás que era detective, lo cual redundaría a su favor, dado que así la gente se relaja y pisa más fácilmente el palito.

Los primeros trabajos de la valerosa señora fueron relativamente sencillos, por causas ajenas a su voluntad ciertamente. Por ejemplo, un día su jefe le dijo que le iba a enviar la foto por email del "objetivo" a seguir, pero la esposa del mencionado, no supo cómo escanearlo y ahí quedó. Otra vez, el "objetivo" era un venezolano que ese día aseguró su mujer, estaba segura que la iba a engañar. El hombre tenía un auto y al salir de su casa, había que seguirlo hasta donde fuera. El auto salió y se quedó a las dos cuadras, con enorme disgusto del susodicho, que estuvo todo el día llamando a diferentes talleres, hasta que al fin lo remolcaron. Y nuestra protagonista, se quedó todo el día viendo y grabando con su nueva cámara con viewfinderm el arreglo del auto. Fueron ocho horas, lo habitual, que el jefe le pagó medio rezongando, ya que no era necesario grabar esa tontería, pero bué...

La nueva cliente era una bailarina venida a menos, que quería se filme a su marido durante un día entero, para mostrarle después el video y hacerle ver, que debía cuidarse mucho de engañarla. Una buena táctica pensó la Sra. D, quien ya se estaba haciendo toda una experta, casi, casi, emulando a Mata Hari. Ahora se reportaba al jefe a través del celular, tenían varios y los cambiaban de lugar y número, filmaba por ejemplo enfrente de una casa o edificio, vestida de manera muy sencilla, y tenía la cámara en una bolsa de supermercado con un agujero por el cual se filmaba.

En otro momento, aprovechó la presencia de unos vagos, charlando con ellos para justificar tantas horas parada en un mismo lugar. ¿Que no me creen? para que se enteren, esta mujer era un reservorio de sorpresas, a todos los que imaginaron que haría un desastre, les comento que estaba imbuida en su personaje a punto tal, que casi siempre le salían bien las cosas (o tenía suerte, ya no sé qué pensar).

El jefe le iba pasando por email las fotos de los objetivos y si quedaba alguna duda, una breve llamada por celular con nombres y palabras en clave, la disipaba. Porque así como el jefe "pinchaba" teléfonos por doquier, a él también se lo pinchaban.

Una mañana se dirigió de acuerdo a las indicaciones, a un barrio muy elegante. Se sospechaba del Director de un Colegio de la zona, muy renombrado. La Sra. D sonreía al ir manejando, estaba contenta porque ese día no había atropellado aún a nadie, pero era temprano. También le causaba gracia la foto del objetivo, un hombre demasiado feo, con anteojos gruesos y cabello negro engominado, con la cara blanca como la de un alfajor y un humor de mil rayos, ¿a quién se le ocurriría tener un romance con el hombre? pero se sabe que sobre gustos...En eso salió caminando el Director del Colegio, se creía que tenía un affaire con una alumna. Nuestra querida espía lo siguió, aunque el señor caminaba rápido, ella iba detrás a buen paso. No se sabe si porque se dio cuenta o qué, el caso es que de pronto, se metió en medio de un gentío, y lo perdió. Por más que trató de localizarlo, no lo consiguió. Por suerte, igual le pagaron.

La mujer ya se estaba desalentando del trabajo, no porque le parecía difícil, sino porque en la mayoría de los casos en los que le tocó trabajar, la gente se divorciaba y eso le daba pena pero también un poquitín de culpa. A ella le gustaba investigar, descubrir a quien no era honesto, le corría un ramalazo de excitación por su cuerpo que la hacía sentir más viva. Ese olor a misterio, el develarlo y ayudar a otros para que triunfe la justicia, le hacía sentir bien. Sin embargo, ¿podía asegurar que todos los infieles eran culpables? se le ocurrió que era imposible saber lo que sucedía en la vida de cada uno y mucho menos juzgarlo, como verán, estaba nuestra querida señora, madurando realmente.

Por aquel entonces, cuando ya habían pasado varios meses, el jefe la llamó a su despacho para encomendarle una tarea mucho más peligrosa, se trataba de un pez gordo. Le tocó trabajar con un compañero que iba muy bien trajeado por la calidad del trabajo encomendado, mientras filmaba a través de un agujerito practicado en su maletín de cuero. Tenían los dos que vigilar cada movimiento del Presidente de una gran Compañía. Esta vez no era un caso de infidelidad, sino de drogas, prostitución y mafia. Estaban estacionados bastante cansados y aburridos a las cuatro de la tarde, apoltronados en un auto Nissan frente a la Compañía, y ya era el tercer día de vigilancia. En ese momento se bajó la señora en busca de un baño, cuando desde una camioneta cuatro por cuatro, intentaron encerrarla. Ella pegó flor de grito y corrió, logrando entrar nuevamente al coche. Ya estaba el compañero con el motor en marcha, por lo que pudieron partir velozmente. La cuatro por cuatro los persiguió a través de todo el barrio de Boca, hasta que todos, la camioneta y el Nissan, fueron a parar al Riachuelo.

Emergió cual moderna sirena, chorreando agua y mojarritas. Una le colgaba precisamente de la boca. Había logrado escapar de la trampa del coche y pudo pararse encima del techo, mientras lentamente se iba hundiendo...

A su compañero lo perdió de vista, nunca más lo volvió a ver. Fue en tal momento cuando se juró a si misma luchar para unir a las personas, no para separarlas y tuvo la maravillosa idea de abrir una Agencia Matrimonial con lo obtenido como detective. Y así, desparramando la noticia por todo el país con bombos y platillos, la inauguró. El hacer de celestina la redimiría por completo de su anterior trabajo. Con todo el entusiasmo, había alquilado un hermoso local que inauguró justo el Día de San Valentín como no podía ser menos. Lo llenó de rosas y bombones, quedando tras el escritorio toda coqueta, vestida de rosa, porque pensándolo bien y entre nosotros, la Señora D aún soñaba con un candidato.

Ayyy, esos candidatos la decepcionaron bastante. Llamó uno que por la voz prometía ser todo un galán, por lo que lo esperó en la vereda con el corazón latiendo a todo lo que daba, arreglándose el moño del cabello y alisándose la falda, (pero al final, ¿puso la Agencia para ella o para quiénes?) en fin...

Lo vio llegar en un auto de esos que parecen una limousine de tan largo, pintado de rojo furioso brillante. Esperó ansiosa la aparición del señor y no dio crédito a sus ojos cuando se bajó. Debía medir un metro y poco más. No era un ser pequeñito, pero casi. A ella no le molestaban para nada las personas pequeñas, pero era evidente que el hombre tenía un gran complejo para tener semejante auto, ¿no les parece? Como sea, lo atendió, aunque no fue posible conseguirle la mujer que pretendía. ¡Le interesaba nada menos que una Amazona rubia de 1.80 mts!

El siguiente señor, tenía una especie de rancho encima de la cabeza, algo que pretendía ser un peluquín pero muy mal confeccionado y ella pensaba el porqué los hombres tienen tanto complejo de sus calvas, si últimamente se han puesto de moda y se afeitan toda la cabeza. Así, con ese mamotreto encima del techo, no se encontraba ni remotamente presentable, pero como no tenía suficiente confianza, tampoco se animó a decirle. Los días subsiguientes le dieron la razón, a ninguna de las chicas que llamó le interesó, sobre todo por el artefacto peludo, una pena la verdad.

A la semana llegó la primera mujer, una muy atractiva mujer de unos cuarenta años, de buen pasar, se la notaba muy fuerte y confiada, era independiente, una profesional de mucho éxito. Respondió con gran seguridad el test casero (que había sacado de una revista romántica la señora D) y quedaron en comunicarse en cuanto tuviese alguien para ella. Todos los señores que le presentó, huyeron espantados, ¿el motivo? Luego de una sesuda meditación, la dueña de la Agencia, llegó a la conclusión que a los hombres en general, les asusta una mujer fuerte y exitosa. Prefieren alguien sumiso, alguien que los admire, ame, y haga todo o casi todo lo que ellos sugieran.

Llegaron otras y otros, la mayoría mentía descaradamente respecto a la edad y cuando nuestra adorable señora les pedía documentos, alegaban mil y una excusas. ¡Había hombres de más de ochenta años que pretendían atractivas señoritas de hasta treinta y cinco para tener hijos! Hubo otro tremendamente gordo, diría que muy obeso directamente, el cual le insistió hasta el cansancio que ponga en su aviso: “Muy Buen físico, aspecto Atlético” y le discutió diciéndole que hace unos años lo era. Se retiró ofendidísimo cuando la Señora D, no aceptó.

En fin, la mujer no daba abasto a los pedidos, la mayor parte eran de mujeres solas. Claro que en su mayoría no eran bonitas, pero tenían otros atractivos pensaba la señora. Un día fue a la Agencia un hombre muy guapo, y todas suspiraron. Era de esos que tienen ese no sé qué que enloquece a las mujeres. Cuando lo atendió, le pidió conocer una mujer, dijo no importarle la edad, con la condición de que tuviera un excelente pasar, casa propia, y bienes comprobables, ejem...a ése por poco lo sacó de patitas a la calle. Miren si iba a ser cómplice de arruinarle la vida a una pobre señora, ¡ni hablar! mejor perder que encontrar a esos sinvergüenzas. Claro que los señores también le contaron de una chica que había aceptado en su Agencia y salió con varios, pero siempre decía que le robaban o no tenía para el taxi, o le pasaba algo, y les pidió a todos abultadas sumas de dinero. O sea que pícaros hay en todas partes, sí señor.

A los pocos meses llegó un hombre golpeado por una de sus candidatas, quejándose con justa razón, en ese momento se enteró que no sólo los hombres golpean.

Indagó el motivo y la verdad es que era una tontería, sólo porque no le agradó el restaurante al que la llevó, lució su puño sobre el ojo de su acompañante. Un amigo del pobre, le pidió una chica que no sea gorda, ni petisa, ni loca, la quería muy bonita pero que no se la crea. Hubo de todo en esa Agencia y un buen día, la Señora D, se hartó y la cerró. Cerró su Agencia Matrimonial muy desanimada, bastante frustrada, con el ánimo arrastrado por todo el piso, ya que no había conseguido hacer ni una sola unión. ¿Cómo podía ser eso? ni siquiera para ella.

Pero al rato, se acordó de algo, no era cierto que no había podido unir ni a una pareja. Al recordarlo, sus ojazos se llenaron de lucesitas y volvieron a chispear de lo lindo. No todo había sido en vano, ella fue capaz de unir a dos seres maravillosos que con el tiempo sin duda, mostrarían al mundo los frutos de esa unión. Cruzó a su divina perrita Bulldog con un novio super arrugado importado de España, que se sabe, ¡¡¡son muy buenos!!!

*****

LOLA, SOBRINA DE LA SEÑORA D

Ella sabía escoger lo que quería y necesitaba sin duda alguna, nada de las locuras de su famosa tía, por favor, nada que ver. Por eso tenía un trabajo la mar de interesante, un trabajo que la llenaba de vida y entusiasmo, de alegría, motivándola en su diario vivir: trabajaba como vendedora de Bóvedas, Parcelas, Tumbas, Jardincitos, Nichos y demás exquisiteces mortuorias en Cementerios.

La lectura de un aviso fue suficiente para darle todo el ánimo y presentarse de forma puntual, vestida decorosa y correctamente, tal como corresponde. De manera que nada de minifaldas ni tacones de 20 centímetros, nada del usual maquillaje dramático, ni tatuajes, o piercings. Estuvo dos días enteros sacándose todo los metales con un imán.

La lectura en el diario que la cautivó, decía lo siguiente:

Buscamos

"La búsqueda se orienta a personas con sólidas habilidades y experiencia en ventas de intangibles, (de manera que si la persona llegado el momento necesitase algo similar a una tumbita, ¡ni modo de encontrarla! estaría en un plano no físico, imposible de hallar o tocar). Prosigo: "con marcada orientación comercial y que sean capaces de tener un alto grado de autogestión, (esto es según imagino, que se las arregle sola y listo). La motivación y la consecución de objetivos son características personales necesarias para el óptimo desarrollo de la tarea", seguramente porque sin esas motivaciones y su consecuente consecución de objetivos, sería imposible venderle algo a alguien, máxime no siendo una mercadería necesaria en absoluto para el mismo momento.

Desafíos

"Tendrá a su cargo la generación de potenciales clientes para la posterior visita y comercialización de los bienes y servicios de la empresa". ¿Se imaginan ustedes, dar a luz a toda una generación de potenciales clientes para que adquieran algo que jamás podrán darse cuenta de qué se trata, cómo se siente, o hasta quizás, disfrutarlo?

La propuesta

"Es una muy buena oportunidad para integrarse a una organización de sólido prestigio, que brinda desafíos, (¡¡¡ya lo creo!!!) oportunidades de desarrollo (hmmm...., salvo una Peste negra que azote a la ciudad) y un interesante nivel de remuneración en relación al cumplimiento de objetivos" O sea, que si no vende nada, ala, ¡¡¡y a otra cosa mariposa!!!

Pero Lola no se dio cuenta de nada de eso y de haberse percatado, no se habría hecho mayores problemas ya que tampoco se amedrentaba por pequeñeces, de modo que estuvo en las oficinas de la Empresa hecha un soldado. Además, algo que la incentivó como pocas cosas en su corta vida, fue otro aviso que leyó el mismo día:

"El ayuntamiento de la localidad gerundense de Bonmati ofrece trabajo y casa. Ésta mide sesenta metros cuadrados y con una pequeña capa de pintura se puede arreglar su interior. Tiene dos habitaciones con vistas y una cocina totalmente amueblada. Su precio es de dos euros mensuales. A cambio quien adquiera esta casa tendrá que cuidar del cementerio donde se encuentra, porque en medio del recinto se levanta el inmueble. Para muchos ha sido una iniciativa interesante viendo cómo están los precios de la vivienda y para otros es una oferta que nunca aceptarían".

¡Imagínense ustedes el contento y griterío de la muchacha! Era como sacarse la Lotería de Fin de Año, ¡el premio mayor! Una casa en medio del aire, la luz, la paz...Escuchar sólo el trinar de los pajaritos, qué maravilla. ¿Y a cambio de qué?, de nada en realidad, de pasear por los parques, las callecitas y avenidas del Cementerio, una pavada. ¿Cuidando qué cosa?, ¿que los muertos se escapen? por favor.

Sólo tenía que trasladarse de país, de Argentina a España, y listo. Tan fácil como eso, además teniendo el mismo idioma, se simplificaba todo. No le diría nada a su tía para que no le ocupe el puesto, ¡era tan rápida la susodicha...! Ya se veía toda bronceada en esos campos inmensos. Le diría a su novio que la acompañe y criarían la docena de hijos que pensaba tener, saltando sobre las tumbas, deslizándose por las estatuas, escondiendo alguna cosa en un nicho al jugar con la búsqueda del tesoro, qué delicia de vida. A puro campo, una vida sana, rural, hermosa.

Claro que antes no le vendrían mal unos pesitos vendiendo lápidas, por lo tanto estaba ahí como dijimos a primera hora de la mañana, en realidad, la hora prefijada en el anuncio.

De entrada la pusieron a llamar por teléfono a media guía de la Capital, ofreciendo el servicio - incluyendo cochería - a todo aquel inocente que atendiera. ¡La de "cortes y quebradas" que tuvo que pasar para su bochorno!

parecía un tango. Lo más lindo que le dijeron fue: sinvergüenza.

Estaba claro como el agua, que las personas no se daban cuenta de su fin próximo o lejano, pero fin sin dudas. Y por más que Lola les trataba de explicar, más se empecinaban en negarlo. Al último, hecha un mar de lágrimas, la supervisora se condolió por ella (después de todo era su primer día). Estaba segura que en unos 10.546 días más, sabría cómo proceder con mayor dureza y sin tanta lágrima.

Al día siguiente, acertó a verla toda compungida el hijo del dueño de la empresa, un joven interesante de su misma edad, a quien Lola sedujo de inmediato - no en vano tenía los genes de su tía -.

Tanto hizo y dijo frente a su padre, que éste aceptó a regañadientes darle a la novata una tarea más grata, y le indicó fuese a la calle para visitar futuros clientes. Ese día, hacía a la sombra 41 grados con una humedad del 98 %. Las personas en la ciudad se derretían casi literalmente y ella no pudo ser menos. Tenía que visitar a tres futuros clientes, ya apalabrados y amansados mediante numerosas llamadas telefónicas. Sería una cuestión de las fáciles, eso era indiscutible.

Agradeció llena de alegría la posibilidad de trabajar alejada del teléfono, y salió dando saltitos. Vestía un conjunto blanco de hilo, muy fino, con zapatos al tono, de piel. Al salir, la calle la recibió con una bocanada cruel de calor aplastante que por poco la sofoca. Aún así, prosiguió valerosa hasta encontrar el ómnibus que la dejaría en el primer domicilio donde debía ir. Se trataba de una fábrica de chacinados.

Debió viajar parada ya que a esa hora, muchos se dirigían al trabajo. Al pasar aproximadamente media hora, preguntó al chofer que tenía una cara muy poco amable, si faltaba mucho para llegar a la Calle.... tal y tal. El hombre ni la miró, escupió un escarbadiente que tenía a un costado de la boca que por poco iba a parar derechito hacia su conjunto blanco, y masculló algo ininteligible.

- ¿Cómo? - preguntó Lola.
- hsuewosnt... _ respondió él.
_ Disculpe no lo entendí - se excusó ella.

El chofer la miró recién entonces por el espejo, no sólo con cara de muy pocos amigos, sino más bien, de franco enemigo, diciendo:

- hsuewosnt...

- Ah - comentó ella - antes no le había comprendido, disculpe usted. Y se bajó del ómnibus sin tener idea de donde se encontraba, toda sonrojada por la vergüenza.

Caminó y caminó bajo el sol ardiente, preguntando a todo transeúnte por la dirección de la fábrica donde debía acudir. Nadie la pudo ayudar, hasta que dio con una señora entrada en años, quien muy amablemente le explicó donde debía tomar el transporte que la dejaría muy cerca, apenas a cinco cuadras. Claro que la parada estaba a más de diez, por lo que prácticamente corrió, ya que se le hacía tarde.

Al llegar a la parada, pudo respirar un poco más aliviada, aunque tenía el rostro empapado de transpiración y el maquillaje corrido. Por suerte no había espejo a la vista, de modo que lo ignoró.

Avistó el ómnibus a lo lejos, y al llegar, tuvo que dejar pasar una fila impresionante de gente que también lo esperaba para viajar. Nuevamente parada, recorrió las cuadras que faltaban para llegar. Finalmente arribó, y caminó frenéticamente las cinco cuadras hasta la fábrica. Al entrar, la invadió un tufo insoportable a grasa y sangre, producto de los chacinados que allá se preparaban.

Lola era vegetariana como la señora D, ante tal hedor se le revolvió el estómago a más no poder y sintió náuseas, haciendo varias arcadas. Por suerte no había tenido tiempo de desayunar, así que sólo fueron arcadas. Al rato se presentó ante ella el dueño de la fábrica, quien ahí mismo, parados, en medio del ruido de las máquinas y el olor a grasa descompuesta, la entrevistó.

Le hizo varias preguntas, cuyas respuestas rebuscó ella, haciendo equilibrio entre la cartera y los papeles de varias carpetas que le habían entregado, pero no las encontró. Evidentemente la enviaron sin demasiadas explicaciones. Al hombre no le gustó nada que no le entregara un informe de lo que necesitaba saber, y ahí nomás la despidió sin mayores contemplaciones.

Salió casi con el rabo entre las patas, sin haber podido tomar siquiera ni un vaso con agua. En honor a la verdad, no se animó a pedirle al dueño, como tampoco le preguntó por un baño.

Nuevamente al horno, apretando un poco las piernas, caminó con su ex conjunto blanco ya ajado, mostrando evidentes signos de sudor. Los zapatos se le clavaban en la piel porque sus pies estaban bastante hinchados y los tacos se hundían cómodamente en el asfalto de la calle, blando como papilla.

Bien, ahora le tocaba ir a un edificio de treinta pisos en la otra punta de la ciudad. Rogó por encontrar un asiento. Al llegar el transporte, subió, y milagrosamente, al poco rato se desocupó un asiento al lado de donde estaba parada. Al ir a sentarse, lo encontró ya ocupado rápidamente por otra persona, un joven con granos que se hizo el desentendido. Como tenía los audífonos puestos, ni la escuchó.

Lola se obligó a pensar en una pileta de agua fresca, pero eso le recordó una necesidad que tenía. Entonces, la cambió de inmediato por otra imagen, esta vez de un aparato donde debía cerrar una tuerca con una llave inglesa y apretarla mucho, mucho, así no se escapaba nada. Eso le sirvió para estar algo más tranquila al menos.

A la hora, encontró un asiento libre y se sentó. Cuando finalmente llegó, lo primero que hizo fue ir casi volando a una confitería muy paqueta que encontró. Estaba por ir directo al Toilette, cuando un mozo le hizo seña que no, era sólo para los clientes. Ella le dijo que por supuesto iba a consumir algo a la salida y con esa promesa finalmente pudo entrar.

Entre el rato que tardó en fluir y el largo rato que duró, la muchachita recién media hora más tarde, pudo salir. Claro que fresca casi como lechuga y ya bastante compuesta, arreglado el maquillaje, y peinada al menos con las manos.

En la confitería había aire acondicionado, qué maravilla. Lo disfrutó al máximo mientras se sentaba y disimuladamente se quitaba los zapatos blancos de taco. Pidió sólo un agua mineral sin gas para beber.

El mozo la miró con cierto fastidio, y ella pensó que ese día, los hombres estaban insoportables, pero recordó que semejante clima no ayudaba.

La bebió con deleite, sintiendo cómo se deslizaba el agua por dentro, como una fresca caricia.

Luego se le ocurrió mirar el reloj y casi pegó un salto por estar atrasadísima. Pagó enseguida la cuenta y se colocó como pudo los zapatos, casi no le entraban en ese momento. A medias entonces, con las tiras bajas usándolos como sandalias, caminó hasta el imponente edificio de treinta pisos ubicado en la esquina misma.

Al llegar, tocó el portero eléctrico con visor, y le dieron paso. Buscó entre varios ascensores, cuál era el que le correspondía, hasta que un portero muy amable, le indicó. Era el primer hombre sonriente que encontró ese día. Claro que estaba sentado frente a un gran escritorio, y el aire acondicionado recorría todo el edificio.

Subió y apretó el piso veinticinco, el apartamento de los Pereyra Richioly. El ascensor subió tan rápido que lo sintió en su cuerpo. De repente se paró entre los pisos dieciséis y diecisiete, apagándose las luces.

Pero ¿cómo podía suceder eso?; se le ocurrió pensar en un desperfecto del ascensor, pero escuchaba voces alrededor que presumió pertenecían a vecinos, y llegaban desde las escaleras.

Entonces pensó que dado el calor impresionante, había ocurrido un apagón, algo bastante común en esa especie de Republiqueta en la cual vivía.

Por suerte no sufría de claustrofobia, de manera que se quedó sentada y tranquila (al menos daba esa impresión por fuera). Meditó un rato, lo que contribuyó en gran parte a que tomase los acontecimientos con una óptica positiva y cuando arrancó el ascensor nuevamente a las dos horas, se puso de pie dispuesta a vender como mínimo, medio cementerio a esa familia.

Llegó y tocó el timbre. Esperó, esperó y esperó...Nada. Ningún sonido se escuchaba dentro.

Casi no podía creer que no estuviesen los Pereyra Richioly, pero si le habían confirmado la cita, ¿cómo podía suceder?

Bajó por las escaleras los veinticinco pisos, no quería tener más sorpresas. Y al llegar al Hall principal preguntó al portero por la familia que buscaba. Éste le explicó que la esperaron todo lo posible, pero como el ascensor no arrancaba, terminaron por ir cada integrante de la familia a sus quehaceres.

Con el ánimo venido abajo, se despidió cortésmente y salió al horno, digo, a la calle. Parecía que se respiraba fuego, en un minuto volvió a empapar su conjunto color amarronado y las fuerzas decayeron. Caminó como pudo, enfilando hacia su tercer entrevista, cuando de repente sintió algo, un cambio.

No se veía nada, pero se sentía. No sabía si era el aire, las nubes o qué, pero de pronto se vino una tormenta que parecía un remolino trayendo todo el polvo y basura suelta de la ciudad. Comenzó a llover de una forma descomunal, como jamás había sentido, y el agua, el viento impresionante como embudo y las cosas que volaban, la cegaron. Se refugió al principio como pudo bajo un alero, pero de nada le sirvió ya que la tormenta iba en dirección hacia ella, de manera sesgada.

Vio pasar gente corriendo a todo lo que daban y escuchó ruidos tremendos, parecía que se venía el mundo abajo. Volaban chapas, caían árboles frente a sus ojos, vio cómo uno bastante añoso, se desplomó encima del techo de un BMW nuevo, y le pareció escuchar explosiones a lo lejos, mientras tiritaba muerta de frío porque la temperatura había bajado más de veinte grados.

Cuando pareció mermar un poco el tornado, se animó a seguir caminando pero esta vez en dirección contraria, para ir a la oficina de su novio. En el camino, vio cables tocándose que se encendían y lanzaban llamaradas, era un completo caos.

Caminó más de treinta cuadras, pero llegó pese a la lluvia, el frío que sentía, el viento, y a sus zapatos. Encontró a su novio que había salido a buscarla donde fuera y se abrazaron muy fuerte ambos, refugiándose en el auto. En el instante mismo que subieron, paró la tormenta y salió un sol radiante.

Nadie le compró ni una mísera tumba, pero ni se preocupen Lola al día siguiente encargó una para ella.

*****

SUS AVENTURAS EN INDIA

Sí claro, está bien que la señora D siempre quiso conocer India. Que leyó al respecto y se empapó de India a todo lo largo y ancho del país. Y también coincido con ustedes que se encuentra algo sola desde que quedó viuda. Pero caramba, ¡no hagan bromas! ¿Qué clase de candidato trajeron?

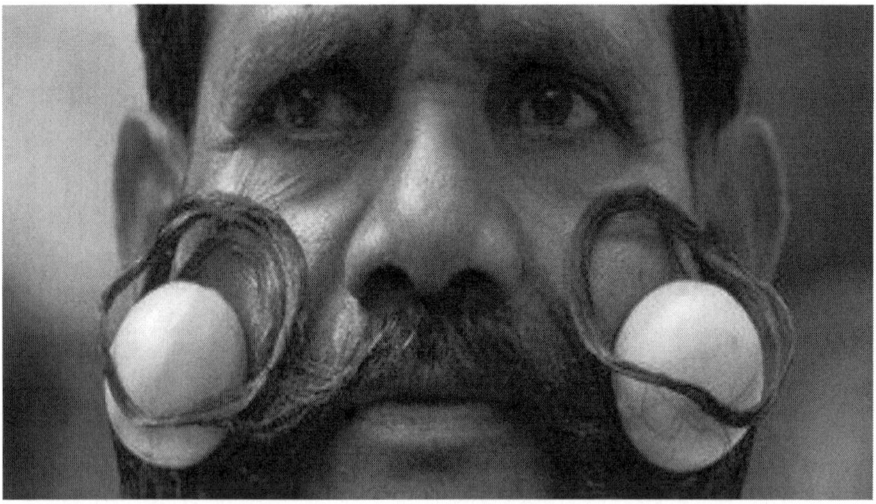

Será un señor muy apuesto allá, pero convengamos que para el gusto occidental, dista bastante de lo corriente. Y la simpática señora no está tan desesperada, se los aseguro. Recuerdo muy bien cuando cierto día me hizo una confidencia al respecto. De manera que ¡a otro perro con ese hueso!

Sin embargo, el hombre, perdidamente enamorado, contrató un Detective de Boda, que allá es más que común, a fin de averiguar antecedentes de la atractiva mujer extranjera. Es que no podía creer la suerte que había tenido en conocerla.

Ella, una mujer tan hermosa y tranquila, tan juiciosa y adorable, que parecía no hacer el menor caso a sus galanterías, lo cual lo incentivaba más y más a conseguirla a cualquier precio. Por suerte para nuestra protagonista, el informe completo de sus aventuras desquiciantes, bastó y sobró para que el pretendiente pusiera sus pies, barbas, limones y pelotas (de acuerdo a la fotografía) en remojo.

El caso es que ella se encontró feliz y a sus anchas en Calcuta al día siguiente nomás, que su candidato pusiera los pies en polvorosa. Allí, en Calcuta, donde el tránsito es un completo caos, y las bocinas se tocan al mismo tiempo cada treinta segundos, donde el sonido general del tráfico se puede equiparar al de un avión Jumbo despegando, disfrutaba a pleno nuestra protagonista.

En Calcuta, justamente, donde el sonido ensordecedor, parece un taladro horadando la sensatez y cordura de todos sus habitantes, se sentía en el séptimo cielo.

Allí, los camiones invitan a tocar la bocina con grandes pintadas en su parte posterior y parecen manejar todos a fuerza de bocinazos, no de nafta.

Los coches tienen guirnaldas florales en todo el capó, ya que antes de conducirlo, se lo bendice y santigua íntegro, por las dudas. ¡Y muchos llevan chiles y limas en las puertas delanteras para ahuyentar al diablo!

En Calcuta se mueve una energía caótica en extremo, y los ruidos junto a la inmensa cantidad de gente semejante a hormigas, aturde. Hay que andar a los saltos entre ellos, los camellos, los elefantes, y las vacas tiradas, con cuidado de no pisar el estiércol y las heces humanas, porque hay escasez de viviendas y miles de personas habitan en las calles o se amontonan en los barrios bajos, y las chabolas de barro carecen de instalaciones sanitarias, por lo que todo va a parar a esas calles.

De manera que nuestra amiga, se encontró inmensamente dichosa, zarandeada de un lado para el otro por la multitud. Le fascinaba que haya tan poco espacio en las veredas y que pudiese encontrar lo que fuera necesario en tan sólo 20 metros de acera. ¿Se te rompe el paraguas? No te preocupes, siempre habrá un hombre que te lo arregla. ¿Necesitas ponerle suela a tus zapatos?, pero ningún drama, un señor extiende su mano para que se lo alcances y poder arreglártelo ahí mismo, en la vereda. Y si quieres cortar tu cabello, maquillarte (lo cual hizo nuestra amiga) o que te cosan un traje o un vestido de fiesta, todo lo encontrarás allí mismo. Pedicuros, gente que te pone los huesos en su lugar en medio de la carretera, e incluso limpiadores de oídos que te persiguen para que estés siempre hecho un primor.

Por lo que salió la señora D después de caminar esos pocos metros, ¡¡¡renovada y lista como para filmar una película en Bollywood!!!

Pero antes de ir allá para ofrecer su increíble talento, su idea era pasear en elefante a través de las congestionadas calles.

Es así que se interiorizó al respecto. Le hicieron entender - luego de muchas horas y en varios dialectos - que eso no iba a ser posible, salvo que tal osadía sirviera para evitar una tercera guerra mundial, de no ser así, le explicaron que era mejor olvidar esa atrevida y trastornada idea.

¿Se imaginan la de accidentes que hubiese provocado? Acá lo vemos al elefante, bien solo y triste, luego de enterarse que ese día, no podrían pasear.

Sin siquiera tomarse un descanso, quiso entonces aprovechar la imagen rutilante que tenía, y se dirigió raudamente al Film and Television Institute of India. Su idea (digna de la Madre Teresa), era ofrecer el regalo de todos sus dones y talentos. Se conocía como una artista inigualable, poseedora del arte de la Danza, el Canto y la Actuación en su máximo nivel. Sabía que el cine indio es tan antiguo como el mismo cine, ya que poco después que los hermanos Lumiere lo mostraran en París, fueron a Bombay, donde los indios de inmediato lo adoptaron. También sabía que India tiene la industria cinematográfica más grande del mundo y le genera dinero como ningún otro medio lo hace. Así que ¿cómo no aprovechar esa oportunidad para que el mundo todo, la conozca y admire a rabiar, amén de elevar a India al plano de Primerísimo Primer Mundo?

Bueno, les diré que sólo fue cuestión de entrar al Instituto y de salir a los dos minutos con el rabo entre las patas. Allí impartían clases, no tomaban a nadie, y menos que menos a una mujer que sólo sabía hablar en español "argentinizado" y encima ¡con tonada cordobesa! ¿Dónde se había visto eso? ¡Ni siquiera en Bollywood!

Al regresar al hotel donde paraba, comenzó a buscar el teléfono del indio aquel, sí, el de los bigotes tan simpaticones. Ya sabría convencerlo que el informe del Detective de Boda era pura falsedad, que ella era casi como una dulce y pálida geisha, tan calladita y sumisa, ejem...

No se encontraba en la mansión, por lo que habló primero con quien parecía su mayordomo y luego con su Maestro Espiritual, al cual convenció de que ella había estudiado con diversos gurús y que comprendía a la perfección el Vedanta y los 108 Upanishad.

El Maestro asombrado, la invitó a darse un refrescante baño en el Ganges antes de visitar a Don Bigote, ¡epa! digo a Sri Paramjit (el bigotudo). Por lo que alegremente en el Ganges, se unió a un grupito alborozado de señores, jugando con ellos hasta que las velas dejaron de arder.

Cuando retornó bien limpita por supuesto, fue presurosa a conocer la mansión de Don Sri Paramjit y hete aquí, que para su sorpresa, se encontró con toda una familia formada por Don Paramjit y media docena de esposas, incluyendo suegras y niños varios, y con la supuesta "mansión" bajo medio metro de agua, como algo corriente.

¡Ante lo cual puso sus diminutos pies en polvorosa! ¡De buena se había salvado! Y era ése hombre, quien tuvo la osadía y desfachatez, ¡de querer investigarla a ella nada menos...!

Nuestra querida señora estaba pasando por un período muy triste, diría en honor a la verdad que no era triste, sino un período ¡horrendo!, ¡tremebundo!, una etapa de su vida que no quisiera jamás volver a vivenciar. Algo tan terrible, que la alejaba de los demás mortales. Bueno, ¿cómo describir la tortura personal (y de toda persona cercana al área), de quien sufre de SII o IBS, en fin... de Colon Irritable? Para colmo, como los indios le ponen chili a todo, hasta en los postres, se la pasó comiendo los últimos días, arroz, banana pisada y un pan chato y sin miga que hacen ahí. A raíz de probar la comida autóctona, le volvieron a la carga todos los síntomas desagradables, que ponen en riesgo la salud psicofísica de todo ser viviente que esté cerca. Buscó de forma urgente un buen baño donde descargar todas y cada una de sus frustraciones, y lo encontró por suerte.

Pero ocurrió algo insólito, el baño donde entró era así:

Y cuando se fue, lo dejó así:

Ya más livianita, se encaminó hacia los diferentes Ashrams que quería visitar antes de su partida. En realidad, todo el viaje a India lo tenía planeado desde muy chica, cuando comenzó a interesarse por el sentido de la vida.

Sí, estimados señores, por más que les cueste creer, la inefable mujer, no era tan sólo rulos y ojos grandes, no era solamente locuras y disparates, ¡en lo absoluto! A ella le interesaba sobremanera el tema espiritual y sabía bien que con eso, no se jugaba. Así que el fin primigenio de visitar India, era encontrar un verdadero Maestro Espiritual, un guía que le mostrara el sendero, el camino verdadero.

Encontró Faquires por doquier, hombres que no ingerían alimento alguno, ni tomaban agua desde hacía décadas, otros que materializaban relojes "Rolex", o vivían sumergidos en el agua sin respirar durante años, vio quienes subían por una cuerda suspendida en el aire, aparentemente sin soporte alguno, incluso pudo ver unos que se clavaban cuchillos sacándose (aparentemente) sus órganos a la vista, ajjj... todos éstos a ella no le interesaban, eran como magos con miles de trucos, no quienes necesitaba encontrar.

Durante su odisea, le ofrecieron de todo, incluso hacerle un estudio de "Rumpología". Para quienes jamás escucharon el término, les comento que se trata de un concienzudo estudio de los glúteos, su musculatura, cicatrices, grietas y demás accidentes "topográficos" a fin de predecir el futuro, ejem...

Nada de esto le interesó, sólo buscaba alguien digno del nombre de: Maestro. Hubo alguno que otro que le hubiese encantado conocer, pero ya no se encontraban en este plano.

Llegó a un Ashram que le encantó por su sencillez y tipo de vida casi monacal, (algo diametralmente opuesto a su forma de vida), pero bueno. Comió vegetales con arroz y durmió sobre una esterilla en el piso.

Cantó y bailó música devocional, lloró, se rió y oró en Indi y Bengalí, sin tener ni la menor idea de lo que decía, y se abrazó con centenares de personas sudorosas y desconocidas.

Al Maestro no lo vio, dado que se encontraba de gira internacional. Compró todas las fotos de él, y acaparó la mayoría de los rosarios hindúes que le vendieron, hizo numerosos amigos entre los Sannyasim, todos la mar de simpáticos, con sonrisas perpetuamente insustanciales.

Hubo un momento en que se vio muy tentada a dar un Darshan personal, o sea, una charla inspiradora, ya que en ese ambiente fluía como la seda. Sin embargo, al adivinar su idea y ver cómo se preparaba, la contuvieron entre varios y le impidieron darla, mediante el práctico uso de la fuerza.

¡Habrase visto! En realidad -pensó, asombradísima- los que perdieron fueron todos ellos. Hubiera suplido perfectamente al Maestro, mientras éste hacía sus giras. Nadie se hubiera dado cuenta de su ausencia, es evidente que la gente ignora muchas cosas.

Bien, ya era hora de dirigirse hacia el Aeropuerto, donde (imagino que con tal que se fuera), tuvo la agradable sorpresa de dos buenos mozos que la esperaban, para ofrecerle un lindo picnic como agasajo. Se divirtieron los tres a lo grande, y entonces, ya bien fortalecida, tomó el avión en vuelo directo a China. Tenía por delante quince horas hasta Shanghai, así que improvisó un show para los pasajeros que la tuvieron que aguantar entre desconcertados y turulatos.

Acá vemos a los muchachos tristísimos por su partida, pero tienen que entender que ella no se puede repartir en mil partes, aún no es Omnipresente.

*****

ACERCA DE DELIA GOLDADLER JOISON

Si algo me salvó de una niñez atroz, fue el saber y sentir que somos espíritus encarnados, no como solemos pensar, sólo un cuerpo con, "tal vez o quizás" un alma. Además, pude sublimar todo el terror y el abuso padecido, a través del arte en sus formas más completas, dentro de un concepto bien renacentista. Autodidacta y libre pensadora, me descubrí a mí misma rebelde frente a diferentes sistemas perversos. Animalista a ultranza, ecologista y defensora de los derechos humanos por encima de todo.

Mi primer blog fue: "Por los derechos de todos los seres indefensos" http://mujerdiosa.blogspot.com.

Luego siguieron: http://elartedeunamujer.blogspot.com, http://coloresypoemas.blogspot.com y http://sinartenohayvida.blogspot.com.

Recientemente edité mi último blog: http://samhara-intimo-esplendor-oficial.blogspot.cl/, dedicado especialmente a mi libro: "Intimo Esplendor"

Me considero una ciudadana del mundo, aunque debo decir que nací y viví en Argentina, México, Uruguay y actualmente en Chile. Tuve varios reconocimientos en la vida, sin embargo lo más importante, aquello que me gratificó más internamente, fue el arte de mi profesión como Terapeuta holística.

Más allá de todos los países recorridos al atravesar gran parte del Planeta, el mejor de todos los viajes, el más profundo, ha sido el realizado íntimamente, donde logré curar y transmutar mi pasado en un muy luminoso Presente.

Fue mi mayor logro.

Argentine Book.

2018 by Delia Goldadler Joison

37444068R00118

Printed in Great Britain
by Amazon